Helmut Böttiger

KLIMAWANDEL

Gewissheit oder
politische Machenschaft?

Michael Imhof Verlag

IMHOF-Zeitgeschichte

Bildnachweis
soweit nicht anders angegeben stammen die Abbildung von
Rudolf Diemer: Titelbilder links und unten, S. 4, 74, 75, 79 oben;
www.wikipedia: S. 6, 27, 30, 32, 52, 55;
NASA: Titelbild oben rechts, S. 7, 12, 44, 51, 58;
akg-images, Berlin: S. 25 unten;
Kanton Bern, Staatskanzlei: S. 29;
alle übrigen Abbildungen: Michael Imhof Verlag

Böttiger, Klimawandel – Gewissheit oder politsche Machenschaft?
(Imhof-Zeitgeschichte), Petersberg 2008

© 2008
    Michael Imhof Verlag GmbH & Co. KG
    Stettiner Straße 25
    D-36100 Petersberg
    Tel. 0661/9628286; Fax 0661/63686
    www.imhof-verlag.de

Gestaltung und Reproduktion: Michael Imhof Verlag
Druck: Grafisches Centrum Cuno, Calbe
Printed in EU

ISBN 978-3-86568-350-2

INHALT

EINLEITUNG

"Den Klimawandel zu leugnen ist kriminell", titelte die *Frankfurter Allgemeine Zeitung* vom 15.11.07. Die Zeitung zitierte damit die Aussage des Leiters der Klimarahmenkonvention Yvo de Boer auf der Konferenz des Weltklimarates (International Panel of Climate Change, IPCC) zu Beginn seiner Tagung in Valencia, am 14.11.2007. Die Tagung formulierte Empfehlungen zur Klimapolitik der UN-Völkergemeinschaft.

Nun, es "leugnet" heute niemand einen Klimawandel. Das Klima der Erde hat sich in ihrer vier Milliarden Jahre alten Geschichte ständig gewandelt.

"Die schlimmsten Szenarien des IPCC sind so angsterregend wie ein Science-Fiction-Film. Doch sie sind sogar noch erschreckender, weil sie wirklich sind", ließ UN-Generalsekretär Ban Ki Moon am 17.11.07 gegen Ende der Tagung in Valencia vernehmen. Sind diese Szenarien tatsächlich "wirklich"? Zunächst handelt es sich im besten Fall um Annahmen über mögliche Entwicklungen der Wirklichkeit. Das ist ein großer Unterschied!

Unter "Klimawandel" versteht man beim IPCC und in der UNO eine gefährliche, vom Menschen verursachte Klimaerwärmung. Was unter "gefährlich" zu verstehen ist und für wen der Klimawandel gefährlich sein soll, wird nicht definiert. Die Gefährlichkeit zu leugnen sei *"kriminell verantwortungslos",* meinte der Weltklimabürokrat de Boer, und genau darüber spricht und schreibt inzwischen alle Welt. Daran hat auch der kühle Sommer 2007 bei uns in Mitteleuropa nichts geändert. Natürlich macht eine Schwalbe noch keinen Frühling und widerlegt ein unterkühlter Sommer noch nicht die allseits befürchtete Klimakatastrophe, die das vom

Menschen freigesetzte Kohlendioxid (CO_2) verursachen soll. Allerdings sollte das auch umgekehrt gelten: „Ein paar heiße Tage", die wir spüren, beweisen nichts.

Für „das Klima", den durchschnittlichen Wert der Wetterereignisse der letzten 30 Jahre, fehlt uns Menschen jedes Gespür. Allenfalls erinnern wir uns an einige ungewöhnliche Wetterereignisse. Was das Klima betrifft, sind wir auf Messungen, Zusammenfassungen, Statistiken und Berechnungen, neuerdings vor allem auf Computerberechnungen in komplexen, für den Einzelnen kaum zu analysierenden Modellen und Programmen angewiesen. Die Ergebnisse solcher Verfahren können stimmen oder auch nicht.

Wir neigen dazu, für auffällige und unangenehme Wetterereignisse Ursachen, „Schuldige" zu suchen. An der Klimaabkühlung im 15./16 Jahrhundert, die nicht nur

Trierer Hexentanzplatz, Flugblatt 1594. Hexen wurden im ausgehenden Mittelalter und in der frühen Neuzeit für die Klimaverschlechterung und die damit verbundenen Missernten verantwortlich gemacht.

Überirdischer Nuklearwaffentest mit Soldaten im US-Bundesstaat Nevada, 1951. Die Atombombentests machte man für die Wetterereignisse der 1950er Jahre verantwortlich.

Europa heimsuchte und zu Missernten, Hungersnöten und Aufständen geführt hatte, wurde auf das Treiben der Hexen zurückgeführt. Sie löste damals entsprechende Verfolgungen aus. An den auffälligen Wetterereignissen in den fünfziger Jahren des 20. Jahrhunderts waren angeblich die Atombombentests Schuld. Heute soll Kohlendioxid (CO_2), das beim Verbrennen des Kohlenstoffs in Kohle, Öl und Gas frei wird, zu einer gefährlichen Klimaerwärmung führen. Dazu ist zweierlei bemerkenswert. Bislang galten Zeiten der Erwärmung als Klimaoptima, also Zeiten mit sehr erwünschtem Klima. So dann ist CO_2 das Grundnahrungsmittel der grünen

Pflanzen und bildet damit eine der Grundvoraussetzungen des Lebens auf dieser Erde.

In vielen Aspekten erinnert die Kampagne um den Treibhauseffekt und damit verbunden die bedrohliche Klimaerwärmung an das Waldsterben der frühen Siebziger Jahre. Damals wurde uns genau so sorgenvoll und verbissen von „anerkannten Wissenschaftlern" und in den Medien gesagt, um 1995 sei der deutsche Wald am sauren Regen aus Kohlekraftwerken „gestorben". Wie wir wissen, tat er das nicht. Vielmehr gedeiht er besser als in früheren Jahren, nicht zuletzt aufgrund des gestiegenen CO_2-Angebots in der Luft. Denn Pflanzen und damit auch der Wald leben vom CO_2, benötigen es so dringend wie wir zu unserer Versorgung die Energie, die bei der Verbrennung des Kohlenstoffs zu CO_2 freigesetzt wird. Als die Pflanzen vor 600 Millionen Jahren entstanden sind, enthielt die Erdatmosphäre wesentlich mehr CO_2 als heute.

CO_2 entsteht beim Verbrennen des Kohlenstoffs in Kohle, Öl und Gas. Diese sind noch immer die wichtigsten Treibstoffe unserer produzierenden Wirtschaft und Infrastruktur. Ohne diese Verbrennungsenergie kann bislang noch nichts, was wir zum Leben brauchen, hergestellt werden. Unsere Versorgung fußt noch immer weitgehend auf dieser Energiequelle. Die Förderung dieser Treibstoffe, insbesondere des Öls, ist in wenigen Händen konzentriert, und wir zahlen dafür bei jedem Einkauf eines Gutes oder einer Verkehrsleistung. Dementsprechend ranken sich um CO_2 viele mächtige und noch mehr ohnmächtige Interessen, so dass man nicht leichtfertig mit Aussagen und Überlegungen zu diesem Thema umgehen sollte. Vielleicht ist es verantwortungslos, sich nicht eingehend mit der angeblich bedrohlichen Klimaerwärmung zu befassen, *„kriminell"* ist es auf keinen Fall, dies mit gebührender Skepsis zu tun. Kriminell wäre es allerdings, folgeschweren Behauptungen, die von „höchster Stelle" als offensichtlich und selbstverständlich ausgegeben werden, einfach zu glauben. Denn so etwas hat nicht nur in unserer Geschichte oft zu verheerenden Folgen geführt.

Man sollte aber auch nicht leichtfertig mit einer Kritik oder Leugnung solcher Behauptungen umgehen. Denn die promovierte Physikerin und Umweltministerin unter Helmut Kohl, Frau Dr. Angela Merkel, hatte auf der Weltklimakonferenz in Berlin 1995 vor den versammelten Umweltministern der Welt behauptet: *„Der Treibhauseffekt ist in der Lage, die Menschheit auszulöschen".*

Mit den Worten *„Der Klimawandel zeigt sich als eine der schwersten Bedrohungen, denen die Menschheit jemals gegenüber stand"* eröffnete der kenianische Umweltministers Kivutha Kibwana am 6. November 2006 eine der vielen Weltklimakonferenzen der UNO in Nairobi. Ähnliches wurde mit diesen und anderen Worten von führenden Vertretern der Weltklimabürokratie bei unzähligen Gelegenheiten wiederholt.[1] An solchen Konferenzen nehmen jeweils mehrere tausend Delegierte aus rund 190 Staaten teil, zumeist Vertreter aus Politik, Wissenschaft, den Umwelt- und Wirtschaftsorganisationen sowie den Medien. Inzwischen ist der Klimawandel im Munde aller „Anerkannten" in Politik, Wissenschaft und Umweltorganisationen, die in den Medien zu dem Thema Klimaschutz gezeigt werden und zu Wort kommen.

Um das Klima schützen zu können, müsste man sich über die Ursachen seiner bedrohlichen Veränderung ganz sicher sein. Wenn es sich wie bei den vorgeschlagenen Maßnahmen um Kosten in Höhe mehrerer hundertmilliarden Dollar pro Jahr handelt, sollte man sogar sehr vorsichtig sein. Hat CO_2, auch wenn das überall behauptet wird, tatsächlich den entscheidenden, regelnden Einfluss auf unser Klima? Viele Fakten sprechen dagegen und sehr mächtige Sonderinteressen dafür.

TROTZ NOBELPREIS NICHTS FÜR SCHÜLER?

Der Klimawandel wurde für so wichtig erachtet, dass dafür 2007 der Friedensnobelpreis vergeben wurde. Ihn erhielten der ehemalige US-Vizepräsident Al Gore für seinen Film „An inconvenient Truth" (Unbequeme Wahrheit) und der regierungsübergreifende Klima-Rat der UNO (IPCC) für seine Klimaberichte an Politiker. Damit erhielt die Angst vor einer drohenden, vom Menschen verursachten Klimakatastrophe eine hohe Weihe und in der Öffentlichkeit einen deutlichen Auftrieb.

Macht der Nobel-Preis die Thesen von der Klimakatastrophe glaubwürdiger? Das High Court (Oberstes Gericht) in England sah das – jedenfalls in Bezug auf Al Gores Film – nicht so. Deshalb sei dazu ein Hinweis angebracht. In Großbritannien ist es – wie in anderen Ländern – per Gesetz verboten, an öffentlichen Schulen einseitig politische Propaganda zu treiben. Die britische Regierung hatte, ähnlich wie unser Umweltminister, die Schulen aufgefordert, den Schülern Al Gores Film, der für die Nobelpreisverleihung ausschlaggebend war, zu zeigen. Dagegen hatte der Elternsprecher einer Schule, Stuart Dimmock, geklagt. Der Richter Michael Burton hat der Klage am 10.10. stattgegeben und entschieden, dass der Film in neun Punkten *„partisan political views"*, also einseitige politische Ansichten im Kontext von *„alarmism and exaggeration"* (im Rahmen von Angstmache und Übertreibung) verbreite.[2] Folgende Punkte gaben den Ausschlag für diese höchstrichterliche Entscheidung:

- *„Der Film behauptet, die Eisschmelze am Kilimandscharo sei ein Beweis für die globale Erwärmung. Der Regierungsvertreter musste zugeben, dass dies nicht richtig ist.*

Al Gore: Eine unbequeme Wahrheit. Klimawandel geht uns alle an, München 2007, S. 32/33. Vergleich des Zustands des Kilimandscharo 1970 (rechts unten) und 2005 (rechts). Der Verlust der Gletscher und Schneefelder rührt von den fehlenden Niederschlägen her, da die früheren Regenfälle während der Regenzeit infolge des Abholzens der Wälder nicht mehr bis zum Kilimandscharo gelangen.

- *Der Film deutet an, dass Daten aus Eisbohrkernen beweisen, dass die Zunahme von CO_2 den Temperaturanstieg der letzten 650 000 Jahre verursacht hat. Das Gericht fand, dass der Film irreführend ist: In diesem Zeitraum folgte die Zunahme an CO_2 jeweils etwa 800–2000 Jahre dem Temperaturanstieg und konnte ihn daher nicht verursacht haben.*
- *Der Film bedient sich emotionaler Bilder vom Hurrikan Katrina und unterstellt, dass dieser die Folge der globalen Erwärmung gewesen sei. Der Fachmann der Regierung musste zugeben, dass es nicht möglich ist, einzelne Ereignisse der globalen Erwärmung anzulasten.*
- *Der Film zeigt Bilder vom Austrocknen des Tschad-Sees und behauptet, dies sei durch die globale Erwärmung ausgelöst worden. Der Regierungsvertreter gab zu, dass dies nicht der Fall sei.*

- Der Film behauptet, eine Studie zeige, dass Eisbären ertrunken seien, weil das arktische Eis verschwände. Es stellte sich heraus, dass Herr Gore die Studie falsch gedeutet hatte. Tatsächlich waren die vier Eisbären wegen eines besonders heftigen Sturmes ertrunken.
- Der Film droht damit, dass die globale Erwärmung den Golfstrom stoppen und dies Europa eine Eiszeit bringen könnte: der Kläger konnte wissenschaftliche Beweise erbringen, dass dies eine Unmöglichkeit sei.
- Der Film gibt der globalen Erwärmung Schuld am Artensterben, insbesondere dem Ausbleichen der

Abb. 2: Der mittlere Wirbelsturm Katrina führte Ende August 2005 wegen des unzulänglichen Küstenschutzes und nicht wegen der Klimaerwärmung zu großen Überschwemmungen in der Stadt New Orleans.

Korallenriffe. Die Regierung könnte dafür keine Beweise vorlegen.

- Der Film unterstellt einen Meeresspiegelanstieg von sieben Metern, der die Umsiedlung von Millionen Menschen erforderlich machen werde. Der tatsächlich zu erwartende Meeresspiegelanstieg in den nächsten 100 Jahren liegt bei etwa 40 cm und stellt keine Bedrohung dar, die eine derart massive Wanderbewegung auslösen könnte.
- Der Film behauptet, der Meeresspiegelanstieg würde die Evakuierung einer bestimmten Pazifik-Insel bei

Neuseeland erfordern. Die Regierung konnte das nicht bestätigen, und das Gericht hielt daher die Behauptung für unbegründet."

Man sieht, es wird selbst von „anerkannter" Seite mehr oder weniger Glaubwürdiges behauptet. Ein genauerer Blick auf das folgenschwere Klimageschehen wäre also angebracht. Doch erhält Otto Normalverbraucher in der Regel das Klimageschehen nur in der Form geboten, die durch die Medien aufbereitet worden ist. Nun glaubt zwar jeder Stammtischbruder zu wissen, dass er in den Medien belogen wird, wenn er aber in einer Auseinandersetzung eine leichtfertig hingeworfene Behauptung beweisen soll, dann lautet sein letzter Beweis meistens: „Das habe ich selbst gesehen." Wo? „Im Fernsehen!" Sie kennen den makaberen Witz über den modernen globalisierten Menschen: Er kriecht nach einem Verkehrsunfall auf allen Vieren nachhause, schaltet den Fernseher an, um bestätigt zu bekommen, dass er wirklich einen Unfall erlitten hatte. Die Darstellungen einer drohenden Klimakatastrophe in den Medien sind weitgehend einheitlich und scheinbar eindeutig. Aber gilt das auch für die Sache, die Tatsächlichkeit eines vom Menschen zu verantwortenden „Klimawandels"? Die tägliche Berieselung durch Medien verfestigt den Glauben an einen solchen Wandel, denn irgendetwas muss doch dran sein, wenn so viele Fachleute in den Medien ihn bestätigen. Da eines der überzeugendsten Argumente für die drohende Klimakatastrophe der angebliche Konsens der Wissenschaftler ist, soll dieser zuerst Beachtung finden, ohne hier allerdings der Frage nachzugehen, was Konsens mit Wissenschaft zu tun hat. Wissenschaft war bisher eher „Anti-Konsens". Sie wollte allgemein verbreiteten Aberglauben überprüfen und gegebenenfalls widerlegen. So verstand sie – bislang wenigstens – ihre Aufgabe.

DIE „MEHRHEIT" DER WISSEN-SCHAFTLER

1992 haben Vertreter von 170 Regierungen der Welt und von unzähligen Nichtregierungsorganisationen (NGOs) auf der ersten großen UN-Umweltkonferenz in Rio de Janeiro in Brasilien vor einer bedrohlichen Klimaerwärmung durch Verbrennungsabgase gewarnt. Schon damals wurden drastische Maßnahmen wie Energiesteuern und Umweltabgaben gefordert. Dem waren 400 Forscher, darunter 62 Nobelpreisträger und viele weitere Fachleute mit dem „Heidelberger Appell" entgegengetreten. Sie mahnten zur Vorsicht und warnten vor übereilten Schlüssen, insbesondere vor einer *„irrationalen Ideologie, die sich dem wissenschaftlichen und industriellen Fortschritt entgegenstellt."* Haben Sie vom Heidelberger Appell gehört? Wohl kaum! Er fand in den Medien so gut wie keine Resonanz.

Im gleichen Jahr schrieb der ehemalige US-Vizepräsident und jetzige Friedensnobelpreisträger Albert Gore sein Buch „Wege zum Gleichgewicht"[3]. Darin warnte er vor einem *„ökologischen Holocaust"* und nannte den Klimawandel bereits *„die wichtigste moralische, ethische, spirituelle und politische Frage aller Zeiten"*. In dem Buch behauptete er dann, 98 % der Wissenschaftler seien überzeugt, der vermehrte CO_2-Ausstoß werde eine Klimakatastrophe auslösen. Diese Aussage überprüfte das bekannte Umfrage-Institut Gallup[4] und stellte fest, 81 % der Geowissenschaftler können keine wissenschaftlich stichhaltigen Hinweise auf eine Klimakatastrophe erkennen. Eine eigenartige „Mehrheit"! 60 % der Fachleute bezweifelten laut dieser Gallup-Umfrage, dass sich das Klima zur Zeit erwärmt, 20 % glaubten zwar, eine leichte Erwärmung erkennen zu können, sehen die Ursache dafür aber nicht beim CO_2, das der Mensch erzeugt. Die Erhebung stellte auch fest, dass nur 2 % der einschlägigen Fachleute in Medien zu Wort kommen. Zufällig gehörten sie zu den 19 %, welche die menschliche Beteiligung an der Klimaerwärmung für wahrscheinlich halten.

1995 kam es in dieser Sache zu einer neuen UN-Erklärung. Der 2. Bericht des Weltklimarats (IPCC) nahm zwar frühere Katastrophenszenarien um etwa die Hälfte zurück, beharrte aber auf der Dringlichkeit, den Verbrauch fossiler Energie so rasch wie möglich zu senken. Damals versuchten Fachleute aus der ganzen Welt in der „Leipziger Erklärung" auf die Fehlerhaftigkeit der Annahmen und die offenen Fragen in der wissenschaftlichen Begründung hinzuweisen.

Zu den Kritikern gehört auch Professor Wiin-Nielsen, der frühere Generalsekretär der Meteorologischen Weltorganisation (WMO). Auf die Frage, warum sie erst so spät in die Debatte eingegriffen hätten, sagte Wiin-Nielsen in der dänischen Zeitung „Ingenioeren" am 28. Juni 1996:

„Dazu hätten wir ja erst zu Missionaren werden müssen. Wir glauben ja nicht, dass etwas falsch läuft und können daher ruhig schlafen. Daher habe ich erst jetzt meinen Handschuh in den Ring geworfen, aber um offen zu sein, es ist mir bisher kaum möglich, mit meinen Ansichten beim Umweltministerium Gehör zu finden."

1998 unternahm der betagte Fred Seitz einen weiteren Versuch, der wissenschaftlichen Wahrheit, so wie er sie sah, zur Geltung zu verhelfen. Er hatte das folgende Rundschreiben zusammen mit einem ausführlichen wissenschaftlichen Artikel von Arthur B. Robinson, Sallie L Baliunas, Willie Soon und Zachary W. Robinson mit dem Titel „Wie wirkt Kohlendioxid (CO_2), wenn es sich in der Atmosphäre anreichert, auf die Umwelt" an die Geo-Wissenschaftler der USA verschickt:

„Beiliegend erhalten Sie einen mehrseitigen Überblick zum Gegenstand ‚Globale Erwärmung' und eine Petition als Rückantwortkarte. Bitte, nehmen Sie sich der Sache

ernsthaft an. Die USA steht kurz davor, einem internationalen Abkommen zuzustimmen, das den Einsatz von
Energie und Technologien auf der Basis von Kohle, Öl,
Erdgas und anderen organischen Verbindungen rationie-
ren wird.

Das Abkommen fußt unserer Meinung nach auf falschen
Vorstellungen. Forschungsdaten zum Klimawandel zeigen
nicht, dass der Einsatz von Kohlenwasserstoffen durch den
Menschen schädlich ist. Im Gegenteil, es gibt gute Hinweise dafür, dass der Anstieg von CO_2 in der Atmosphäre
der Umwelt förderlich ist. Das vorgeschlagene Abkommen
würde sich sehr negativ auf die technische Entwicklung

aller Nationen auswirken, ganz besonders aber für die 4 Milliarden Menschen, die in Entwicklungsländern leben und deren Staaten versuchen, sich aus Armut und technologischer Unterentwicklung herauszuarbeiten.

Es ist besonders wichtig, dass die Bevölkerung Amerikas dazu etwas von den Bürgern hört, die über die nötige Ausbildung verfügen, um entsprechende Forschungsergebnisse auswerten und gesunde Ratschläge erteilen zu können. Wir bitten Sie daher dringend, die Petition zu unterschreiben und an uns zurückzuschicken."

Inzwischen haben über 20 000 Fachleute diese Petition unterschrieben. Die Namen und Funktionen kann man im Internet finden.[5] In den deutschen Medien war über diese Aktion kaum etwas zu hören. Nur Spiegel-Redakteure taten sie als billigen Taschenspielertrick ab, weil der achtzigjährige Fred Seitz dazu seine Autorität als langjähriger früherer Präsident der US-Akademie der Wissenschaft angeblich *„ungebührlich"* missbraucht habe. Aber galt das Ausnutzen von Autorität nicht auch für die Wissenschaftler und Staatsbeamte, die angeblich hinter der IPCC-Erklärung standen? *„Angeblich"*, weil viele von ihnen die Schlussfolgerungen für Politiker („Policy-Maker") des IPCC durchaus nicht teilen, einige sich sogar deshalb unter Protest aus dem Gremium zurückgezogen hatten.[6] Chris Landsea begründete seinen Rückzug aus dem IPCC in einem offenen Brief vom 17.1.2005 (den wir im Anhang dieses Buches abdrucken). Aber gründet nicht die ganze Argumentation „des Konsenses der Wissenschaftler" auf Autorität, auf missbrauchter Autorität und falschem Leistungsnachweis?

Der Weltklimarat hebt hervor, dass an seinen Berichten 1 500 Wissenschaftler direkt und 2 500 Wissenschaftler indirekt mitarbeiten würden. Doch das ist übertrieben. Der IPCC arbeitet in mehreren Gruppen, von denen nur eine mit den Ursachen der Klimaerwärmung befasst ist. An ihrer Gruppenarbeit waren formal 308 sogenannte Reviewer beteiligt. Von diesen haben nur 62 einen Beitrag geleistet und haben sich schließlich nur 4 ausdrücklich hinter die dort gemachten Aussagen gestellt. Letztlich haben nur 7 Autoren dieses entscheidende Kapitel geschrieben, in dem festgestellt wird: *„Es ist sehr wahrscheinlich, dass der Treibhausgas-Strahlungsantrieb die hauptsächliche Ursache der globalen Erwärmung der letzten 50 Jahre war"*.[7] Aber was war nicht schon alles *„sehr wahrscheinlich"*?

Der Erfolg der Oregon-Petition von Fred Seitz hatte die UNO-Bürokratie verunsichert. Sie brauchte einen vorzeigbaren Nachweis dafür, dass tatsächlich die übergroße Mehrheit der Wissenschaftler an die vom Menschen verursachte Klimakatastrophe glaubte. Ihn sollte Naomi Oreskes mit dem Aufsatz in der anerkannten Zeitschrift „Science" erbringen.[8] Frau Oreskes sah sich die Zusammenfassungen von 978 Aufsätzen an, die zwischen 1993 und 2003 erschienen waren und die sie unter dem Stichwort „Global Climate Change" im Information Sciences Institute (ISI) der Universität Süd-Kaliforniens, einem wichtigen Informationszentrum der USA, gefunden hatte.

Oreskes behauptete in ihrem Aufsatz, 695 oder 75 % der untersuchten Aufsätze würden „ex- oder implizit" den Konsens vertreten. Benny Peiser von der John Moores Universität in Liverpool (UK) ist der Sache nachgegangen, wobei er die gleiche Methode wie Frau Oreskes verwendete.[9] Er stieß bei dem gleichen Stichwort für den gleichen Zeitraum auf 1247 statt 928 Aufsätze und fand heraus, dass nur 322 der Zusammenfassungen den Konsens ausdrücklich akzeptierten. Das war weniger als die Hälfte derer, von denen Frau Oreskes dies behauptet hatte. 89 erwähnen „mitigation", d. h. sie behaupteten, der CO_2-Treibhauseffekt könnte die Klima-Extreme etwas abmildern. 67 beschränken sich ohne eigene Stellungnahme auf reine Methodenfragen. 87 beziehen sich ausschließlich auf Klimauntersuchungen der Vorzeit, ehe es Menschen gab. 34 zweifeln, dass der Mensch einen wichtigen

Beitrag zur Klimaänderung leistet. 44 beschränken sich auf die natürlichen Ursachen des Klimawandels. 470 der Zusammenfassungen enthalten zwar das Reizwort „Klimawandel der Erde", aber keinen direkten oder indirekten Bezug auf menschliche Aktivitäten, CO_2 oder andere sogenannte Treibhausgase. Von einer 75-prozentigen Unterstützung konnte also nicht die Rede sein. Die renommierte Zeitschrift „Science" weigerte sich unter allerlei Ausflüchten, die nichts mit der Richtigkeit der Aussagen Peisers zu tun hatten, seine Entgegnung auf den Artikel Oreskes abzudrucken.

Quasi als Medien-Alibi konnten am 24. Januar 2005 die Professoren Hans von Storch und Nico Stehr im Spiegel schreiben: *„Eine bedeutende Anzahl an Klimatologen ist überhaupt nicht überzeugt, dass die zugrunde liegenden Fragen angemessen untersucht worden sind. Im letzten Jahr zum Beispiel hat eine Umfrage unter allen Klimatologen der Welt gezeigt, dass noch immer ein Viertel derer, die geantwortet haben, die Verantwortlichkeit des Menschen für die jüngsten Klimaänderungen in Frage stellt."* Und in „Welt-online" war am 25. 9. 2007 ein Artikel der Mainzer Meinungsforscher, Prof. Hans M. Kepplinger und seiner Mitarbeiterin Senja Post, zu lesen. Unter der Überschrift „Die Klimaforscher sind sich längst nicht sicher" stellten sie die Ergebnisse ihrer Umfrage bei den amtlichen 239 Klimaforschern Deutschlands vor, von denen allerdings nur 133 geantwortet hatten. Der Rest zog es vor, sich in dieser Frage bedeckt zu halten. Die Mehrheit der Antworten, nämlich 57%, bekannte sich zur herrschenden Meinung, aber noch immer sahen 71% die wissenschaftlichen Voraussetzungen, um Aussagen über künftige Klimaentwicklungen wagen zu können, als nicht erfüllt an.

Inzwischen dürfte sich allerdings die Mehrheit der Wissenschaftler sehr ruhig oder bedächtig zustimmend verhalten, wenn von der drohenden Klimakatastrophe die Rede ist. Das erinnert an viele wissenschaftliche Arbeiten in der DDR. Selbst sehr gute Arbeiten beriefen sich in der Einleitung oft auf irgendwelche Parteitagsentschließungen der SED, ohne dass das für den folgenden Text irgendwie von Relevanz gewesen wäre. Die meisten Spezialisten stimmen inzwischen wohl der herrschenden Linie im Allgemeinen zu, auch wenn sie für einen speziellen Aspekt ihres Fachgebiets etwas Anderes herausgefunden haben und dies nicht verschweigen. Auch im heutigen Deutschland haben Wissenschaftler die Befürchtung, Anerkennung, Forschungsgelder oder Sprossen ihrer Karriereleiter zu verlieren.

Worauf aber gründet sich der verbreitete Glaube an die drohende Klimakatastrophe, wenn nicht auf den Konsens der Klimaforscher? Im Folgenden sollen mehrere Thesen untersucht werden. Außerdem werden einzelne Erscheinungen erörtert, an denen man angeblich das Eintreten einer bedrohlichen Klimaerwärmung erkennen kann. Das Auge des Laien überzeugen am ehesten Bilder vom Abschmelzen der Inlandgletscher. Dieses Phänomen hat weniger etwas mit der Klimaerwärmung zu tun als mit Verschiebungen in der Atmosphären-Zirkulation, also mit Wind und Niederschlägen. Doch wegen des Gewichts dieser Frage, wollen wir sie in einem Einschub eigens behandeln. Wegen der Frage, ob andere extreme Wetterereignisse etwas mit der Erderwärmung zu tun haben, verweise ich auf den Offenen Brief von Professor Dr. Chris Landsea im Anhang des Buches. Im Folgenden liegt der Schwerpunkt auf den Ursachen des Klimawandels.

KLIMASCHWANKUNGEN IN DER GESCHICHTE

Dass es auf der Erde große Klimaschwankungen, Eiszeiten und Warmzeiten gegeben hat, ist allgemein bekannt. Weniger bekannt ist, was diese Schwankungen ausgelöst haben könnte.

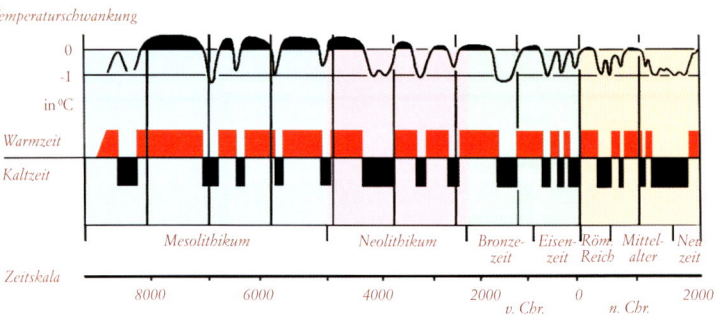

Die Entwicklung der Sommertemperaturen (Mai bis September) abgeleitet aus der Gletscher- und Vegetationsentwicklung der letzten 10 000 Jahre[10]

Anhand der Grafik ist gut erkennbar, dass das Römische Reich durch einen Kälteeinbruch, der die Völkerwanderung ausgelöst hatte, zusammengebrochen ist. In der warmen Zeit des Mittelalters besiedelten die Wikinger Grönland, trieben dort Ackerbau und Viehzucht und nannten es deshalb auch „grünes Land". Nach dem Klimaoptimum im Mittelalter trat die sogenannte Kleine Eiszeit mit Missernten, Hungersnöten und großer Not ein. Diese Erscheinungen lösten die Hexenprozesse aus, weil man annahm, die Kälte sei eine Strafe Gottes, verschuldet durch die Hexenumtriebe.[11] Im Zeitalter der Industrialisierung setzte wieder eine Klima-Erwärmung ein, die noch nicht das Ausmaß früherer Klimaoptima erreicht hat.
Der Temperaturverlauf wird im nächsten Bild deutlicher. Es stellt die Temperaturabweichungen in Grad

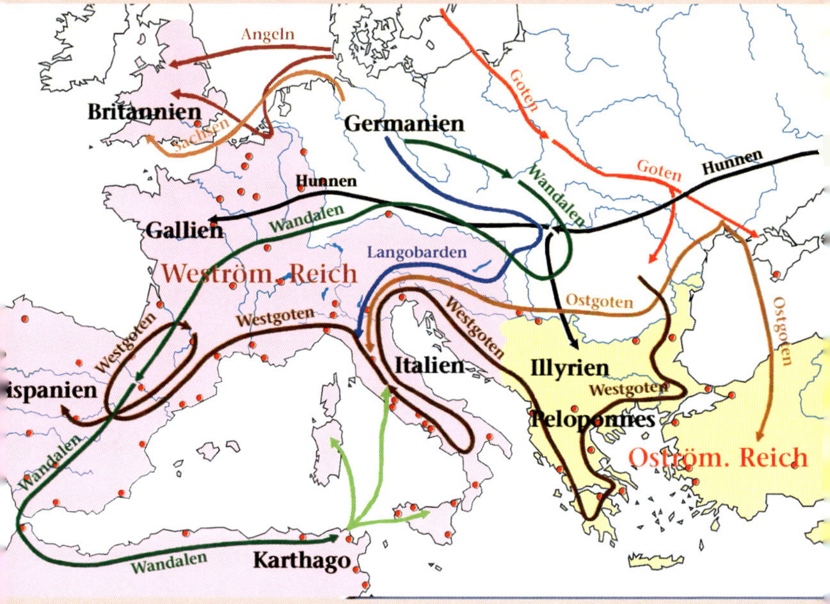

Die Völkerwanderung, d. h. die Wanderbewegung vor allem germanischer Völker im Zeitraum vom Einbruch der Hunnen nach Ostmitteleuropa 375/376 bis zum Einfall der Langobarden in Italien 568, war eine Folge der drastischen Klimaverschlechterung (Abkühlung). Sie führte zum Zusammenbruch des Weströmischen Reiches.

unten: Eroberung eines römischen Limeskastells durch Germanen in der Vorstellung des 19. Jahrhunderts

Celsius dar. In der rechten Bildhälfte sind drei Abweichungen des Meeresspiegels gegenüber heute eingetragen. Eiszeiten gehen in der Regel mit einem niedrigen und Warmzeiten mit einem hohen Meeresspiegel einher.

°C **TEMPERATUR-HISTORIE DER LETZTEN 20 000 JAHRE**

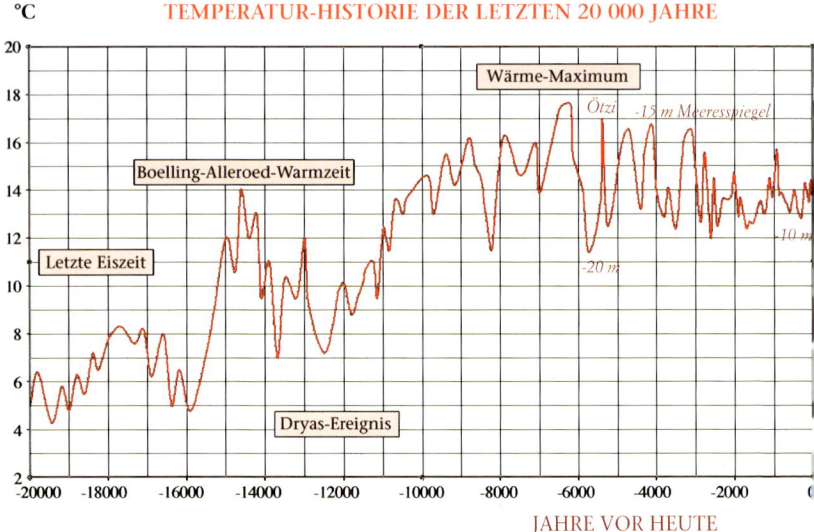

JAHRE VOR HEUTE

Kurve über den durchschnittlichen Temperaturverlauf der letzten 20 000 Jahre mit Angaben über die Meeresspiegelhöhe (Angaben nach Kölle, 30.01.2006)

Die in mehreren Wellen aufgetretene Kleine Eiszeit am Ausgang des Mittelalters und in der Neuzeit mit ungewöhnlich kalten Wintern und ausbleibenden Sommern, Missernten und Hungersnöten ist in den Bildern niederländischer Maler, z. B. von Pieter Breughel d. J., und in englischen Bildern von der zugefrorenen Themse während des Dalton-Minimums (1790–1820) gut belegt. Hexenverfolgungen fanden vielfach nach dem Kälteeinbruch während des Spörer Minimums (1420–1570) und noch während des Maunder Minimums statt.

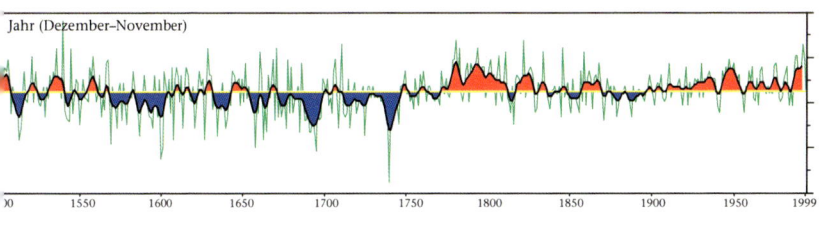

Jahr (Dezember–November)

| 00 | 1550 | 1600 | 1650 | 1700 | 1750 | 1800 | 1850 | 1900 | 1950 | 1999 |

— Saisonale Temperaturmittel

— Tiefpassgefilterte Werte (11-jähriger Gauß'scher Tiefpassfilter)

— Mittelwert der Periode 1500–1997

Temperaturentwicklung in Mitteleuropa seit 1500
(nach: Glaser, Rüdiger: Klimageschichte Mitteleuropas, Darmstadt
2001, S. 94)

Pieter Brueghel der Jüngere (1564–1638), Winterlandschaft, 1601,
Kunsthistorisches Museum Wien (Ausschnitt)

KLIMAWANDEL UND GLETSCHERSCHMELZE

Immer wieder dient den Medien das Abschmelzen der Gletscher als Beweis für die angeblich drohende Klimaerwärmung. Tatsächlich ziehen sich in den Alpen viele Gletscher zurück, andere wachsen. Frei nach Brecht könnte man sagen, die im Medien-Lichte sieht man, die im Dunkeln sieht man nicht. Am 16./17. August 2007 unternahm Bundeskanzlerin Merkel zusammen mit Bundesumweltminister Gabriel eine spektakuläre Reise nach Grönland, um auf das Kalben der Gletscher und das Abtauen der Eismassen in der Arktis aufmerksam zu machen. Die Medien widmeten ihrer Werbekampagne große Aufmerksamkeit. Noch am 12.11.07 nannte Eileen Claussen, Präsident des Pew Center for Climate Change, auf der Plenarsitzung der Nuclear Society in Washington DC die diesjährige Eisschmelze in der Arktis die größte aller Zeiten, obwohl sich die Eisdecke dort inzwischen in Rekordeile wieder ausgedehnt hatte.

Um nicht auf beliebte sensationelle Übertreibungen hereinzufallen, sollte man Folgendes beachten. Gletscher sind grosse Eismassen, die sich allmählich aus verdichtetem Schnee bilden. Wenn sich in den Alpen die Gletscher zurückbilden, dann liegt die Ursache nicht an warmen, sondern an niederschlagsarmen Wintern. Es fällt zu wenig Schnee. Dies ist unter anderem dann der Fall, wenn es im Winter zu kalt und zu trocken ist. Kalte Luft führt kaum noch Feuchtigkeit mit sich und verhindert dadurch den Schneefall. Es schneit in den Alpen, wenn sich warme und mit Feuchtigkeit beladene Luft aus den atlantischen Tiefdruckgebieten mit kalter Luft aus dem Norden oder Osten vermischt. Bei tiefen Temperaturen im Winter wachsen die Gletscher nicht, so dass sie im darauf folgenden Sommer weiter abschmelzen. Für grössere Inlandvereisungen sind warme und eisfreie Meere und ein warmes „Globalklima" eine unabdingbare Notwendigkeit. Der Gletscherschwund deutet also in erster Linie nicht auf eine Klimaerwärmung, sondern auf ungewöhnlich kalte und vor allem zu trockene Winter hin.

Nun könnten die Sommer aber ungewöhnlich warm ausfallen (was in letzter Zeit nicht der Fall war), so dass im Sommer mehr Eis abschmilzt als im Winter normalerweise in Form von Schnee hinzu kommt. Auch das würde die Gletscher verschwinden lassen. Tatsächlich hat es in den Alpen während der Jahrtausende des Holozäns immer wieder Zeiträume gegeben, in denen die Gletscher ganz verschwunden waren. Hannibal zum Beispiel dürfte bei seiner berühmten Alpenüberquerung keine Gletscher gesehen haben. Insofern ist ein Gletscherschwund dort noch nicht „ungewöhnlich".

Auch geben die großen Schweizer Gletscher in letzter Zeit wieder Bäume, Bergwerkssiedlungen (z. B. am Mont Blanc) und andere menschlichen Überbleibsel frei. Sie stammen aus verschiedenen früheren Epochen, in denen diese Gebiete bewachsen, mitunter bewohnt und für Menschen zugänglich waren. Zum Beispiel hatte Ursula

Der Easton Gletscher in Nordamerika (im Staat Washington) verlor zwischen 1990 und 2005   255 m Länge. Das Bild zeigt die Veränderung zwischen 1985 und 2003 (Abb. aus: www.wikipedia.org/wiki/Gletscherschmelze)

Leuenberger am 17. 9. 2003 etwa 200 m unterhalb des Schnidejochs im Berner Oberland ein ungewöhnliches Objekt aus Birkenrinde gefunden und erst dem Bernischen Historischen Museum und schließlich dem Archäologischen Dienst des Kantons Bern zur Begutachtung gebracht. Man rätselte lange über seine Herkunft herum. Das Ergebnis der ^{14}C-Datierung und der Fund weiterer Fragmente brachten Klärung: Der Deckel eines spätneolithischen Köchers war dort vor nahezu 5000 Jahren verloren gegangen.

Inzwischen haben Wissenschaftler am Schnidejoch über 400 weitere altertümliche Dinge aus unterschiedlichen Zeiten aufgesammelt. Die ältesten Teile stammen aus dem dritten und zweiten Jahrtausend vor Christus, aber auch bronzene Gewandnadeln und Schuhnägel aus römischer Zeit hat das Eis freigegeben. Damals wechselten sich auf etwa 2 800 Metern Höhe grüne Wiesen und Geröllfelder ab. Mehrere Faktoren deuten darauf hin, dass das Schnidejoch spätestens im frühen 2. Jahrtausend v. Chr. Teil einer Handelsroute über den nördlichen Alpenkamm war, die allerdings immer wieder durch länger andauernde Vereisungen unterbrochen war. Die jüngsten Funde konnten dem 14./15. Jh. zugeordnet werden und belegen, dass der Pass während des mittelalterlichen Klimaoptimums benutzt wurde. Im 16. Jahrhundert, während der sogenannten Kleinen Eiszeit wurde der Pass wieder vom Gletscher überlagert und konnte seither außer für Gletschertouren nicht mehr genutzt werden.[12] Dort, wo heute Gletscherschwund beobachtet wird, bewegt er sich noch immer im Rahmen bisheriger Klimaschwankungen.

Anders sieht die Situation in der Arktis aus. Hier nahm die Eismasse, im Unterschied zur Antarktis, wo es im Oktober zu einer Rekordausdehnung der Eisflächen kam,[13] in den letzten drei Sommern stark ab. Schmelzen in der Regel im Sommer zwischen 6 bis 10 Mio. km^2 Eisfläche an der Arktis ab, so waren es in diesem Sommer 12 Mio km^2 und mit 23 % der Gesamteisfläche ein Rekord. Der

oben und unten: Schnidejoch. Durch den Rückgang der Glescher stoßen Archäologen auf ältere Siedlungsspuren und Handelsrouten, die belegen, dass im Mittelalter und in anderen früheren Epochen der Berg gletscherfrei war.

Schwund sorgte für Aufregung und veranlasste unter anderem den erwähnten Besuch der Bundeskanzlerin. Allerdings versäumten die Medien ebenso aufgeregt zu melden, dass die Eismenge in den darauffolgenden beiden Monaten mit Rekordgeschwindigkeit zugenommen und die Vorjahresstände im November davon schon wieder 9 Mio. km² zugefroren waren. Eine NASA-Studie unter Führung von Son Nghiem vom Jet Propulsion Laboratory in Pasadena fand heraus, dass ungewöhnliche Wind-strömungen das Eis in die Transpolare Drift gedrückt und aus der Arktischen See hinausgetrieben hatte.[14] Der Harvard Astrophysiker Willie Soon hatte schon 2005 einen Zusammenhang zwischen Veränderungen der Sonnenstrahlung und der Arktischen Eisausdehnung entdeckt.[15]

Igor Poljakow, der am Internationalen Zentrum für Arktisforschung arbeitet, fand in den periodisch wiederkehrenden Unterschieden des Wasser- und Luftdrucks über der Arktis eine weitere „natürliche" periodische Schwankung der Vereisung im Norden.

Auch war der diesjährige Eisrückgang durchaus nicht so einmalig und ungewöhnlich, wie in den Medien behauptet wurde. Man sollte sich vielleicht erinnern, dass *Roland Amundsen* am 26. August 1905 mit seinem Schiff *Gjøa* die eisfreie Northwestpassage passieren konnte. Die Durchfahrt gelang auch in den 1940er Jahren mehrmals, bis sie danach wieder unpassierbar wurde.[16] Auch die Aufzeichnungen der Hudson Bay Company bestätigen, dass die Arktis im 19. Jahrhundert mehrmals passierbar war.[17]

Zur Zeit, als die Wikinger in Grönland Ackerbau trieben, waren im Unterschied zu heute in Sichtweite vom Schiff aus an der Küste keine Gletscher zu erkennen, jedenfalls

Ansicht auf den nördlichen Teil Nordamerikas – Alaska liegt links, Grönland rechts – mit der Route von Amundsens Forschungsreise durch die Nordwestpassage 1905 (südlicher Verlauf; Abb. aus: http://de.wikipedia.org/wiki/Roald_Amundsen)

Nordpolarkarte nach Mercator 1595. Im Mittelalter herrschte
eine Warmzeit. Daher konnte auf Grönland und Island Ackerbau betrieben werden. Der Nordpol war offenbar über einen
langen Zeitraum (fast) eisfrei. Daher fand im Mittelalter der
Gedanke des offenen Polarmeers, aus dem das Wasser in vier
symmetrisch angeordneten Meeresarmen nach Süden fließt, wie
auf den Nordpolarkarten Gerhard Mercators (1512–94) ab 1569
dargestellt, weite Verbreitung. Die Theorie der vier vom Pol
abfließenden Flüsse geht auf die „Inventio fortunata" des
Oxforder Franziskanermönchs Nicolaus de Linna (Lynn)
zurück, in der er eine eigene Arktisreise von mehreren Jahren
ab 1360 mit den nördlichen Inseln vom 53. Grad bis zum Nordpol beschrieb. Eine mögliche Durchfahrt zwischen Sibirien und
Alaska wird in der Kartographie erstmals 1508 auf einer Karte
des Johannes Ruysch dargestellt.
Robert Thorne, ein Kaufmann aus Bristol, schrieb 1527 einen
Brief an König Heinrich VIII. von England mit dem Vorschlag
einer Polarreise, da nach seiner Meinung die Gewürzinseln
direkt am Nordpol vorbei in relativ kurzer Entfernung zu
erreichen seien. Thorne nahm an, das Nordpolarmeer sei eisfrei
und daher befahrbar.

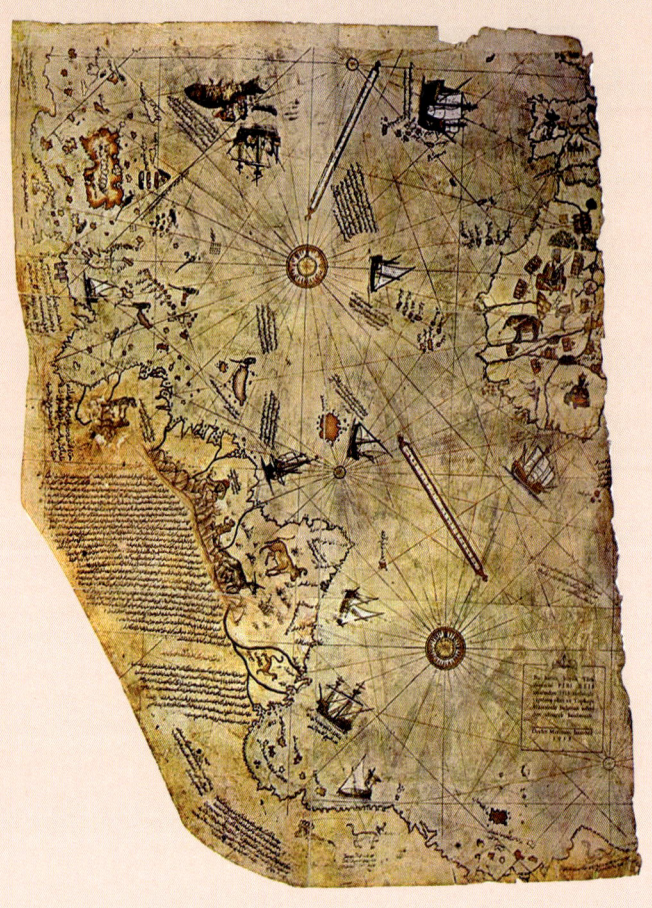

Weltkarte des Admirals Piri Reis, 1513, mit der Darstellung von Amerika links und Spanien sowie Teilen Afrikas rechts. Sie zeigt neben Grönland (oben links) auch die Antarktis (unten) eisfrei. Sie stellt im Bereich der Antarktis einen Küstenverlauf dar, der heute unter hohem Eis bedeckt ist. Dazu die Stellungnahme von Harold Z. Ohlmeyer, Oberstleutnant der USAF (Reconnaissance Technical Squadron (SAC) United States Airforce, Westover Airforce Base , Massachusetts) vom 6. Juli 1960 in einem Brief an Professor Charles H. Hapgood: „Sehr geehrter Herr Professor Hapgood, zu ihrer Bitte um die Bewertung der Piri-Reis Weltkarte aus dem Jahre 1513 durch unsere Behörde nehmen wir folgende Stellung: Wir teilen ihre Auffassung, dass der untere Teil der Karte die Kronprinzessin Martha-Küste des Königin-Maud-Landes und die antarktische Halbinsel darstellt. Wir zeigt die Zeno-Karte des Nordens von 1380 Grönland eisfrei. In der Edda war nirgends von Eisbergen die Rede. Noch mehr Rätsel gibt die berühmte Weltkarte des Flottenkommandanten des Osmanischen Reiches, Piri Reis aus dem Jahr 1513 auf. Sie zeigt neben Grönland auch die Antarktis eisfrei. Auch die Weltkarte des Oronteus Phynius von 1531 stellte die Antarktis eisfrei dar. Piri Reis Karte zeigt einen Küstenverlauf unter dem Eis, den in der Neuzeit kein Mensch gesehen hatte. Charles Hapgood vom Keene College schickte Piri Reisens Karte zur Begutachtung an die US Airforce, die mit ihren Aufklärungsinstrumenten unter das Eis blicken kann und bekam 1960 eine interessante Bestätigung. Die Karte hatte den vom Eis bedeckten Küstenverlauf richtig erfasst.

Der Gletscherschwund an einigen Stellen der Erde deutet nicht auf eine ungewöhnliche Klimaerwärmung hin. Das derzeitige Abschmelzen in Grönland wird durch eine ungewöhnliche Schneezunahme auf der Antarktis wett gemacht und führt daher kaum zu einer Anhebung des Meeresspiegels. Vieles deutet daraufhin, dass das Erdklima nach der Abkühlphase der Kleinen Eiszeit wieder eine „optimalere" Phase durchlaufen hat. Wie lange wir diese allerdings genießen dürfen, ist fraglich.

halten ihre Interpretation für eine logische und aller Wahrscheinlichkeit nach korrekte Auslegung der Landkarte. Die geographischen Details des unteren Kartenbereiches entsprechen erstaunlich genau dem seismischen Profil, das die schwedisch-britische Antarktis Expedition im Jahre 1949 durch die Eisschicht hindurch anfertigte. Somit wurde die Küste vor ihrer Vergletscherung kartographisch erfasst. Heute ist das Eis in der fraglichen Region etwas über 1500 Meter dick. Es ist uns angesichts des geographischen Kenntnisstandes von 1513 unerklärlich, wie die Karte aus jener Zeit dergleichen Daten enthalten kann."

KLIMASCHWANKUNG UND CO₂

W as hatten die Klimaschwankungen mit CO_2 zu tun?

In früheren Zeiten vermutlich wenig, da es kaum Industrieabgase gab. Erst seit Beginn der Industrialisierung soll der Mensch das Klima durch die Verbrennung von Kohlenstoff zu CO_2 unnatürlich beeinflussen. Trotzdem ist der Blick in die Vergangenheit, so weit ihn die Wissenschaft bieten kann, aufschlussreich. Die Einlagerung des schweren Sauerstoff-Isotops (O-18) in Kalkschalen einzelliger Lebewesen in Meeresablagerungen ermöglicht es Wissenschaftlern, die früher herrschenden Temperaturen

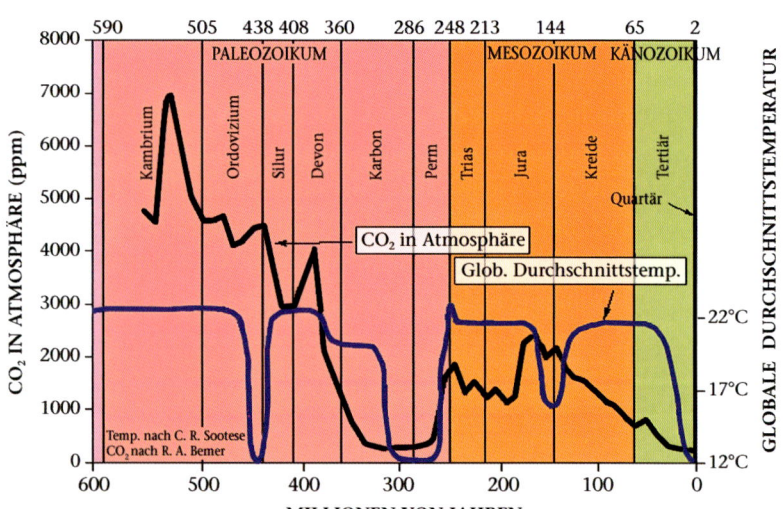

Man erkennt den abfallenden Verlauf des CO_2-Gehalts in der Atmosphäre (Maßstab links in ppm = Teile pro Million) und die Schwankungen der globalen Durchschnittstemperatur (Maßstab rechts in Grad Celsius) in Millionen von Jahren zurück gerechnet. Im Paleozoikum sind übrigens die meisten Prototypen unserer Pflanzen bei guter CO_2-Versorgung (der zehnfachen von heute) entstanden. Sie tun sich bei der heutigen CO_2-Verknappung ähnlich schwer, wie wir demnächst mit der politisch gewünschten drastischen Energieverknappung.[18]

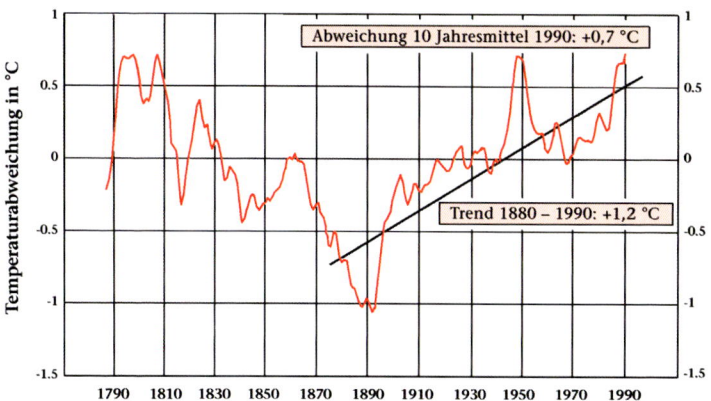

Gleitende 10-Jahres-Mittelwerte am Hohenpeißenberg 1781–1995
und zwar in Abweichungen vom Mittelwert der Jahre 1781–1994[19]

zu bestimmen. Auf ähnliche Weise lässt sich aus dem Verhältnis der seltenen, aber stabilen Kohlenstoffisotope C-12
und C-13 in Ablagerungen auf den früher herrschenden
CO_2-Gehalt im Meerwasser und in der Atmosphäre zurückschließen. Das Ergebnis der Rekonstruktion sieht
dann so aus, wie es die Grafik links unten zeigt:

Geringe Klimaauswirkungen des CO_2 hätten nur für die
Zeit vor der Industrialisierung gelten dürfen. Aber herr-
schen seitdem wegen des hohen CO_2-Eintrags der
Menschen andere Bedingungen? Sehen wir uns also zu-
nächst die Temperaturschwankungen in der jüngsten
Zeit seit Beginn der Industrialisierung mit vermehrter
Kohle- und Öl-Verbrennung an.

Die Kurve (Abb. oben) stammt vom Hohenpeißenberg.
Diese Messstation ist wohl eine der wenigen in
Deutschland, die wegen ihrer Lage weit ab von Land-
wirtschaft, Siedlungen und Verkehr kaum dem sogenannten Wärmeinsel-Effekt – der Erwärmung durch
veränderte Bodennutzung – ausgesetzt ist. Wenn man,
wie in den meisten Klimadarstellungen, nur die rechte
Hälfte seit 1860 anschaut, dann sieht es in der Tat be-
drohlich aus, *„wenn wir so weitermachen wie bisher".*
Doch die halbe Wahrheit ist oft die ganze Lüge.

Die etwa 3467 brauchbaren Messstationen (Abb. unten) sind über die Erde in einem sehr weitmaschigen Netz (durchschnittlich wären das Planquadrate von 580 mal 580 km) und noch dazu sehr ungleichmäßig verteilt. Daneben gibt es etwa 8000 Messstationen in so schlechtem Zustand, dass ihre Daten nicht verwertet werden können. Auf der Nordhalbkugel, insbesondere in den USA und in Europa, befinden sich deutlich mehr Stationen als anderswo. Für das Klima besonders wichtige Gebiete wie der brasilianische Regenwald oder die Nordafrikanische Sahara sind deutlich unterrepräsentiert.

Auch dürften im Norden Änderungen der Landnutzung und der städtische Wärmeinseleffekt stärker zu Buche schlagen als auf der weitgehend aus Ozean bestehenden Südhalbkugel.

An Land wird in standardisierten Messstationen gemessen, die möglichst nicht verändert und von direkten menschlichen Einflüssen unberührt sein sollten. Doch selbst in den USA, die so großen Wert auf Messungen legen, gibt es Messstationen in einem sehr zweifelhaften Zustand. Das liegt weniger am Messgerät selbst, als vielmehr an der sich um sie her ändernden Umgebung. Wie mag es erst in Afrika oder im Hinter-

Jeder rote Punkt steht für eine Messstation, dazu die Planquadrate, nach denen die Durchschnittstemperatur bemessen wird. Die Dicke des Punkts täuscht eine gewisse Dichte vor, außerdem ist nicht gesagt, welche der Stationen regelmäßig meldet.[20]

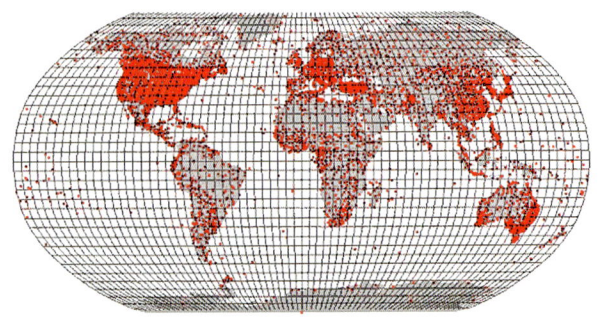

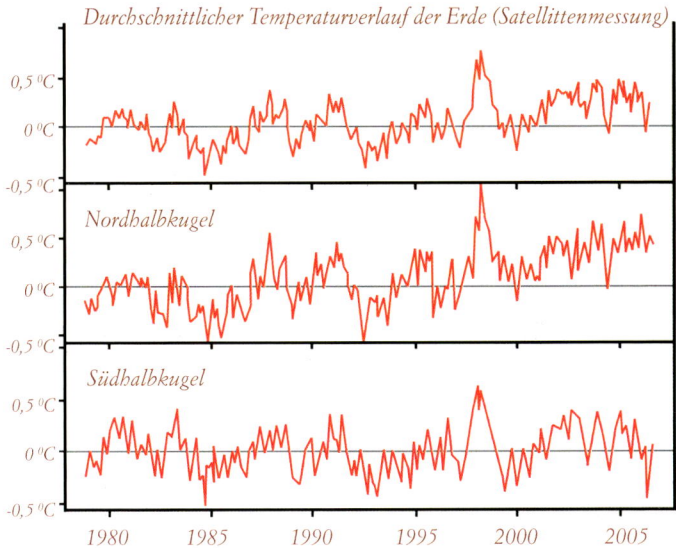

Durchschnittlicher Temperaturverlauf der Erde (Satellittenmessung)

Nordhalbkugel

Südhalbkugel

Der durchschnittliche Temperaturverlauf in Abweichung vom Durchschnittswert, wie er seit 1979 von Satelliten aus gemessen wurde. Die oberste Kurve zeigt den Weltdurchschnitt, die nächste den Verlauf auf der Nordhalbkugel und darunter den Verlauf auf der Südhalbkugel (Quelle NASA). Auffällig ist, dass bei den Satellitenmessungen, die einen Mittelwert für die Temperatur der Troposphäre ermitteln, die Trends wesentlich flacher ausfallen.

land Russlands oder Chinas um die Messstationen bestellt sein? Der IPCC rechnet einen bestimmten Wert für den Wärmeinseleffekt aus den Daten heraus. Doch herrscht hierbei weitgehend Willkür. Daher ergibt sich vom Weltraum aus ein anderes Bild.

Vom Satelliten aus lässt sich die Temperaturverteilung über den Globus wesentlich gleichmäßiger messen. Die von Erwärmungsgläubigen heftig bestrittenen Satellitenmessungen lassen wohl wegen des dort vermehrt auftretenden Wärme-Insel-Effekts einen geringen Temperaturanstieg auf der Nordhalbkugel aber keinen auf der weniger besiedelten Südhalbkugel erkennen (Abb. oben).

Doch selbst die übliche gezeigte Temperaturverlaufskurve seit 1860 zeigt zwischen den Jahren 1940 und

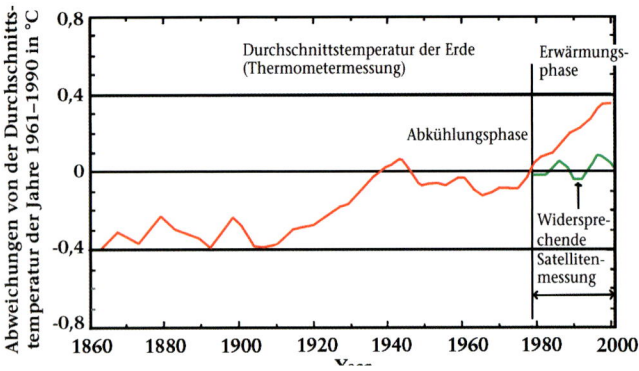

*Die übliche Darstellung der durchschnittlichen Erderwärmung be-
ginnt 1860 und zeigt die Ergebnisse der Temperaturmessungen aufgrund von Thermometern in standardisierten Messstationen. Rechts
neben dem senkrechten Strich, finden Sie unter der aufsteigenden
Temperaturkurve noch den Kurvenverlauf eingetragen, wie ihn die
seit 1979 möglichen Temperaturmessungen vom Satelliten aus auf-
gezeichnet haben.*

1976 eine auffällige Abkühlungsphase (Abb. oben). Am
CO_2-Ausstoss hatte es in der Kriegs- und Nachkriegs-
zeit nicht gefehlt. Damals, in den 1970er Jahren, warnten die „anerkannten" Klimaforscher sogar vor einer
kommenden Eiszeit und bezogen sich dabei auf die
Tatsache, dass im zeitlichen Rhythmus des beobachteten bisherigen Wechsels zwischen Eis- und Warmzeit
jetzt tatsächlich eine neue Eiszeit überfällig wäre.[21]
Doch dazu kam es nicht. Stattdessen kündigen sie nun
eine Klimaerwärmung als Klimakatastrophe an.
Die Delle im Temperaturverlauf widerspricht der CO_2-
Klimahypothese. Daher wurde versucht, sie auszuden-
geln. Man versuchte die Abkühlung durch Staub und
andere Aerosole zu erklären. Inzwischen musste man
feststellen, dass viele dieser Aerosole eher zur Erwärmung als zur Abkühlung beitragen.
Andere Versuche, mit dem für die Katastrophenwarnung
ungeeigneten Temperaturverlauf umzugehen, fliegen
gerade auf. Am 17.8.2007 war nicht nur in der Leipziger
Volkszeitung zu lesen: *„Ein Fehler in der US-Temperatur-*

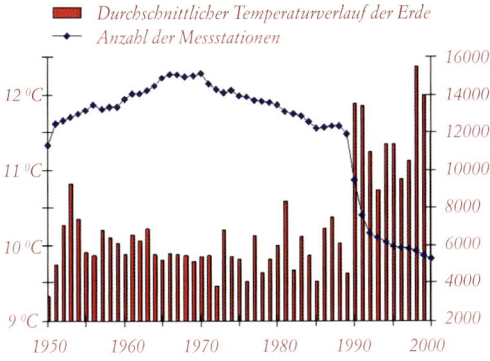

statistik hatte das Jahr 1998 zum wärmsten Jahr seit 1880
gemacht. In Wahrheit war es jedoch das Jahr 1934. Das
liberale Nationale Zentrum für Politik-Analysen hat die
US-Weltraumbehörde NASA beschuldigt, in aller Stille
weitere alarmierende Klimadaten der vergangenen 120
Jahre korrigiert zu haben. So stehe jetzt fest, dass von den
zehn heißesten Jahren seit 1887 sechs zu einer Zeit ge-
wesen seien, als es noch keinen erhöhten Ausstoß von
Treibhausgasen gab", (d. h. vor dem 2. Weltkrieg, HB). In
den jüngsten IPCC Berichten ist diese neue Erkenntnis
allerdings nicht zu finden.

An Rechenfehler seitens der NASA zu glauben, die
Raketen sicher um Saturnmonde herumsteuern kann,
fällt schwer. Verantwortlich für den Fehler war der
führende NASA-Klimaforscher James Hansen vom
Goddart Institut in New York, ein enger Mitarbeiter des
für seine Klimawarnungen geehrten Nobelpreisträgers Al
Gore. Hansen hatte in dem in den USA ungewöhnlich
heißen Sommer 1988 das Gerede von der drohenden
Klimakatastrophe ausgelöst und mit Hilfe der Medien

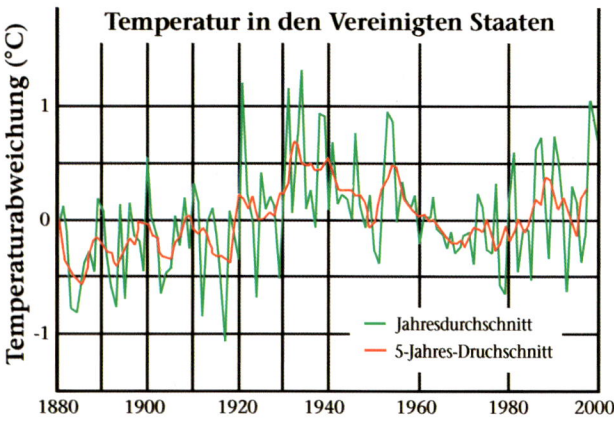

Das Bild zeigt die US Temperatur-Abweichungen vom Durch-schnitt zwischen 1880 und 2000. (grüne Linie: jährlicher Durch-schnittswert, rote Linie: Fünf-Jahresdurchschnittswert.

weltweit zu einem Modewort gemacht. Bis vor kurzem hatte er behauptet, die meisten Hitze-Rekordjahre seien seit 1990 registriert worden. Doch das war schlichtweg falsch (Abb. oben).[22] Seit 1998 stagniert der nach-weisbare Temperaturanstieg weltweit (Abb. unten).

Eigentlich wollte die NASA die Fälschung unauffällig korrigieren. Auslöser war der Umstand, dass sich zwei Statistiker aus Kanada, Stephen McIntyre und Ross McKitrick, für ihre Daten und die Algorithmen, nach denen sie die Durchschnittswerte berechneten, zu interessieren begannen. Die beiden Statistiker kamen zwar aus dem Bereich Wirtschaft, waren aber bei den Klimatologen nicht mehr unbescholten. Sie hatten

Vom Satelliten gemessener globaler Temperaturverlauf seit 1996[23]

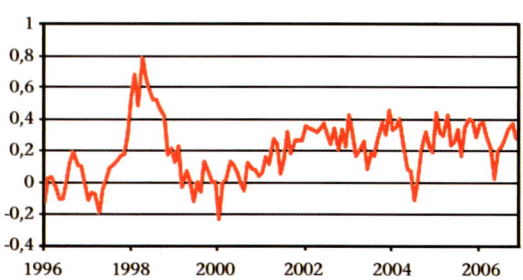

2003, eine andere Fälschung, die sogenannte Hockey-Schläger Kurve der Geowissenschaftler Michael Mann und seiner Kollegen Bradley und Hughes von der Universität Massachusetts kritisiert und richtig gestellt.

Professor Manns Kurve wollte zeigen, dass die Weltdurchschnittstemperaturen über die letzten tausend Jahre mit geringen Schwankungen nahezu gleich verlaufen und erst in jüngster Zeit, nach Einsetzen der Industrialisierung, wie bei einem waagrecht gehaltenen Hockeyschläger deutlich angestiegen sei. Ihre Kurve war, kurz nachdem sie veröffentlicht wurde, in aller Munde und wurde vom IPCC ganz besonders hervorgehoben.

Die beiden Statistiker hatten nach vielen Einwendungen und Verweigerungen seitens Mann und Kollegen mit großer Beharrlichkeit und unter Androhung gerichtlicher Schritte schließlich die Daten erhalten, die Mann seiner Kurve zugrunde gelegt hatte. Ihre erste Widerlegung in der Zeitschrift „Energy & Environment" wurde von der „anerkannten" Klimawissenschaft nicht aufgegriffen. Erst als sie überarbeitet im Februar 2005 noch einmal in der Zeitschrift „Geophysical Research Letters" erschienen war, wurde sie ernst genommen. Zwei Gremien wurden zu ihrer Überprüfung einberufen. Eines war ein Ausschuss der American National Academy of Science unter Gerald North, das andere eine von Edward Wegman vom Ausschuss für Angewandte und Theoretische Statistik in der US Akademie der Wissenschaften geleitete Gruppe führender Statistiker. Beide Gremien gaben der Kritik von McIntyre und McKittrick Recht. Insbesondere die zweite Arbeitsgruppe bemängelte einen Missbrauch der statistischen Methoden durch Mann. Wegman stellte ausdrücklich fest, dass die Behauptung, die sich weitgehend auf Manns Arbeit stützte, nämlich die Jahre seit 1990 seien die wärmsten der letzten tausend Jahre gewesen, nicht zutrifft. Zwar hat das IPCC den Bezug auf Manns Hockey-Schläger Kurve (Abb. oben) inzwischen aufgegeben, jedoch nicht die Behauptung, dass die jüngsten

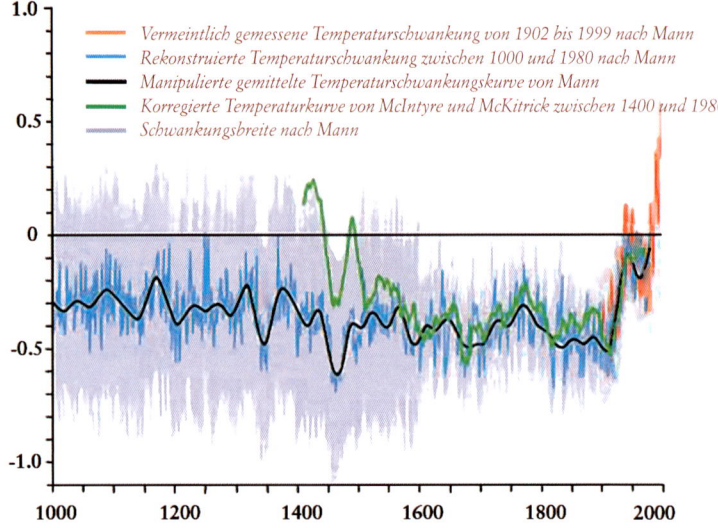

Der von McIntyre und McKitrick ab 1400 korrigierte Verlauf der sogenannten Hockeyschläger-Kurve hellgrün, Manns Kurve ist die schwarze. Mann hatte das mittelalterliche Klimaoptimum ausgebügelt.

Jahre die wärmsten dieses Jahrtausends seien. Ohne den Fehler ergab sich für den von den beiden bearbeiteten Zeitraum seit 1400 ein ganz anderer Kurvenverlauf.

Der beanstandete Missbrauch der Statistik äußerte sich als ein vorprogrammierter Rechenalgorithmus zur Auswertung der eingegebenen Daten. Auch wenn man wiederholt andere, gleichmäßig verrauschte Daten eingab, wurde immer ein Hockeyschläger-Verlauf erzeugt.

Ergebnis: Klimaschwankungen gab es in der Tat schon immer. Dass der Mensch mit seinem CO_2-Ausstoss insbesondere seit Beginn der Industrialisierung überwiegend daran beteiligt sein soll, konnte bisher noch niemand überzeugend nachweisen – auch wenn dies immer wieder von allerlei Experten behauptet wurde. Alle Klimabewegungen, soweit sie einigermaßen glaubwürdig gemessen werden konnten, bewegen sich im Rahmen natürlicher Klimaschwankungen.

DER EINFLUSS DER SONNE

Kaum jemand sagt, CO_2 habe überhaupt keinen Einfluss auf die Wärmeabstrahlung von der Erde, doch räumt eine wachsende Zahl von Wissenschaftlern dem nur einen verschwindend geringen Einfluss auf das Klima ein. Dagegen messen sie den Einwirkungen der Sonne bei weitem den größten Anteil an den kurz-, mittel- und langfristigen Klimaschwankungen zu. Dem widersprechen die Klimaschützer mit dem Hinweis auf die nur geringfügigen Schwankungen der Sonnenstrahlung im Bereich des sichtbaren Lichtes und der Wärmestrahlung.

Bisher war man von einer Solarkonstante ausgegangen, das heißt, man nahm an, dass die Sonne ständig mit der gleichen Intensität scheint. Das ist aber nicht der Fall. Allerdings fallen die Schwankungen der Strahlungsintensität des sichtbaren Sonnenlichts mit 0,07 % relativ gering aus (Abb. unten).

Die Sonne strahlt grob gerechnet als 6000° C heißer Körper nicht nur Licht (37 %) und Wärme (51 %) aus, sondern auch zu 12 % kurzwellige UV-Strahlung. Im UV-Bereich fallen die Intensitätsschwankungen wesentlich stärker aus.

Die nicht sichtbaren Sonnenstrahlen, die UV-Strahlen, haben einen nicht unerheblichen Einfluss auf die Erd-

Das Bild zeigt aufgrund von Messungen und rekonstruierten Daten, wie sich die direkte Sonnenstrahlung im Laufe der Jahre geändert hat.[22]

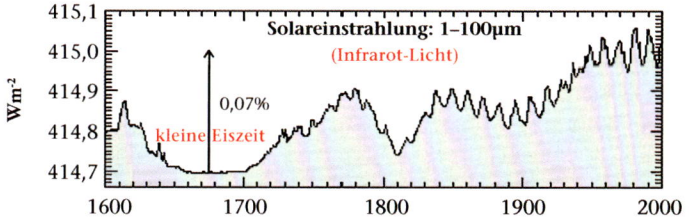

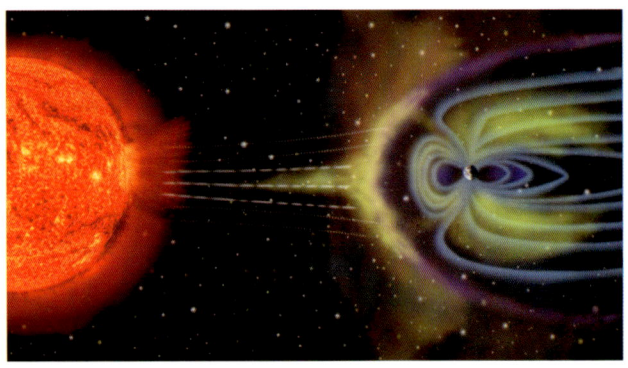

Künstlerische Darstellung des Sonnenwindes und sein Auftreffen auf das Magnetfeld der Erde, das durch die Ladung des Sonnenwinds induziert wird. Die kleinen hellen Flecken im Bild deuten die kosmische Partikelstrahlung an, die durch den Erdmagnetismus mehr oder weniger abgelenkt wird.[25]

atmosphäre und ihr Strömungsverhalten, der aber noch genauer erforscht werden müsste. Entscheidend für die Sonnenhypothese ist jedoch nicht in erster Linie die Sonnenstrahlung. Beim Klimawandel kommt es vor allem auf den Sonnen-Magnetismus, den Sonnen-Wind sowie die von der kosmischen Partikelstrahlung stark abhängige Wolkenbedeckung an.

Diese Tatsache wird von den Vertretern der CO_2-Klimahypothese konsequent übergangen. Der Sonnenwind besteht aus elektrisch geladenen Teilchen, die aufgrund des Magnetismus der Sonne mit hoher Geschwindigkeit von der Sonne ausgestoßen werden. Sie induzieren beim Vorbeiflug in der Erdatmosphäre ein Magnetfeld. Dieses wird seit 1868 auf gleiche Weise gemessen und auf Wochenbasis als aa-Index veröffentlicht.

Der induzierte Erdmagnetismus (Abb. oben) lenkt nicht nur die Teilchen des Sonnenwindes von der Erde ab, sondern mehr oder weniger auch die energiereichen Teilchen der Kosmischen Strahlung. Der Magnetismus der Sonne, der den Sonnenwind auslöst, war 1995 mehr als 2,3 mal stärker als 1901, stellte eine Presseerklärung der ESA vom 3. Juni 1999 fest und beruft sich dabei

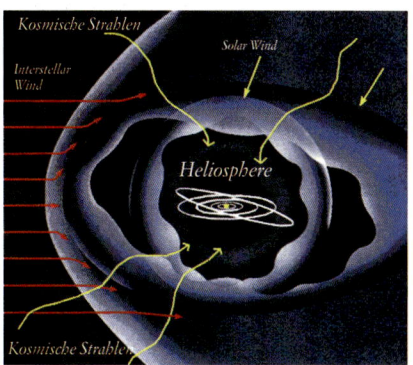

Der Magnetismus der Sonne bildet für das gesamte Sonnensystem einen Schutzschild gegen kosmische Strahlen.[26]

unter anderem auf Forschungen von Mike Lockwood.[24] Daneben wehrt der sich stark ändernde Sonnenmagnetismus auch direkt den Zustrom kosmischer Partikelstrahlen in das Sonnensystem (Heliosphere) mehr oder weniger ab (Abb. oben).

Beide, Sonnen- und Erd-Magnetismus, wirken sich nach folgendem Schema (Abb. unten) auf das Erdklima aus: Die Teilchen der kosmischen Strahlung schlagen, wobei sie vom Solar- und Geomagnetismus mehr oder weniger abgelenkt werden, mit hoher Geschwindigkeit auf Luftmoleküle, zerschlagen diese und erzeugen Kas-

Bei stärkerem Magnetfeld der Sonne gilt das Umgekehrte und es wird wärmer.[27]

Sonne–Klima-Beziehung

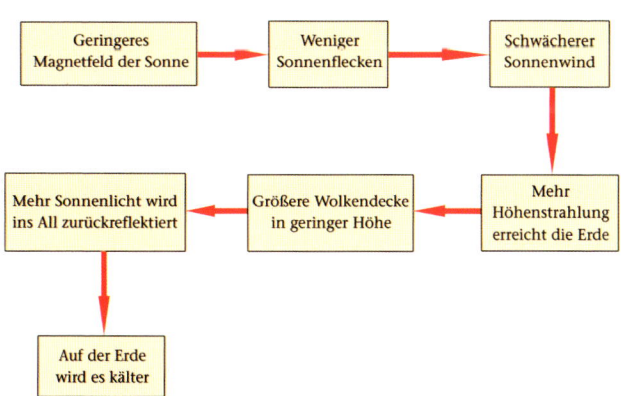

kaden geladener Teilchen, die mit hoher Geschwindigkeit bis in die untere Schicht der Atmosphäre vordringen. Dort bilden sie Kondensationskeime, an denen sich Wolken bilden. Wolken in den niedrigen Luftschichten tragen wegen ihrer hohen Albedo erheblich zur Abkühlung der Erde bei. Schrumpft die Wolkendecke, kommt es zu einer deutlichen Erwärmung der Erde insbesondere der oberen Wasserschichten der Ozeane. Der Verlauf der beiden Kurven im nächsten Bild (Abb. unten) legt nahe, dass die Klimaschwankungen eher auf die Kosmische Strahlung und deren Veränderung durch den Sonnenmagnetismus zurückgehen als auf den Anstieg des CO_2-Gehalts der Atmosphäre, wie er aufgrund der in Eisbohrkernen eingeschlossenen Luftbläschen ermittelt wurde.

Zusammenfassend lässt sich also sagen: *„Die Haupterwärmung der letzten 30 Jahre erfolgte in Zentraleuropa in der kurzen Periode zwischen 1987 und 1991. Das Ereignis*

Das Bild zeigt die Abweichungen (in beiden Fällen über den 11 Jahresdurchschnitt gemittelt) des aa-Index als Maß für die Einwirkung des Sonnenmagnetismus auf die Erde (rot) und der globalen Durchschnittstemperatur (blau) vom Durchschnittswert des gesamten Zeitraums. Den beiden Kurven wurde der Anstieg des CO_2-Gehalts der Atmosphäre, wie er aus Eisbohrkernen ermittelt wurde, unterlegt. Auffällig ist die recht gute Übereinstimmung des Magnetismusverlaufs mit dem Temperaturverlauf, besonders auch in der Abkühlungsphase zwischen 1940 und 1980.[28]

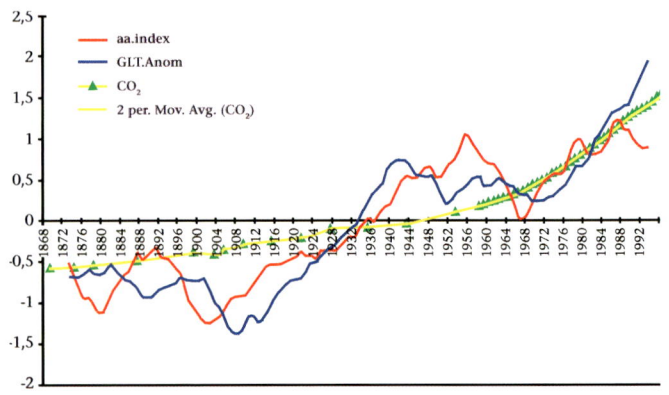

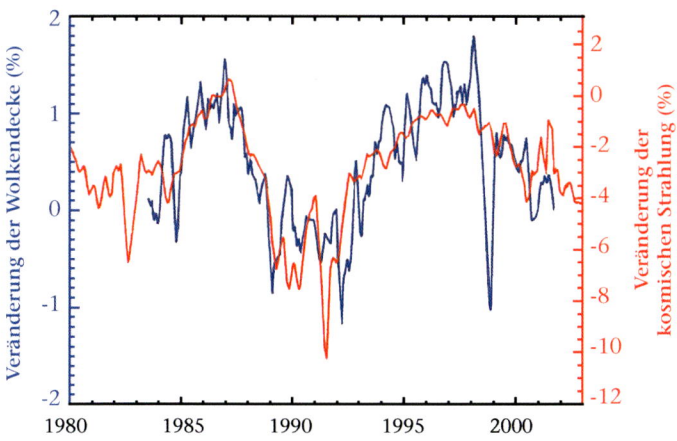

Im Bild hat Henrik Svensmark die Veränderungen der Wolken-
decke (blau) mit den Veränderungen der Kosmischen Strahlung
(rot) (beide Abweichungen in Prozenten vom Durchschnitt =
100%) verglichen.[29]

traf mit gesteigerten Sonnenaktivitäten, verstärktem Son-
nenwind und abnehmenden kosmischen Strahlen zusam-
men. Die Folge waren eine verminderte Wolkendecke, stär-
kere Sonnenbestrahlung der Erde und höhere Bodentem-
peraturen. Das führt dazu, den Klimawandel des letzten
Jahrhunderts in Europa vor allem der Sonne und nicht den
Menschen zur Last zu legen," meinte Dr. Horst Borchert
von der Universität Mainz in einem Schreiben vom 7.8.07.
Der Einfluss der Sonne auf das Klima erfolgt also in
erster Linie durch die Ausbreitung der Wolkendecke
über der Erde (Abb. oben). Diese ließ sich bis vor wenigen Jahren kaum messen. Mit Hilfe der Satelliten ist
dies jetzt besser, aber immer noch nicht ausreichend
genau möglich.

Einen einfacheren Weg, der die spezifische Ausbreitung
der Wolkendecke umgeht und gleich die Albedo der
Erde direkt erfassen möchte, hat das New Jersey Institute of Technology gefunden. Wolken kühlen vor
allem durch ihre hohe Albedo (s. folgende Abb.), das
heißt dadurch, dass sie die eingestrahlte Sonnenenergie
reflektieren. Daher messen die Forscher vom New

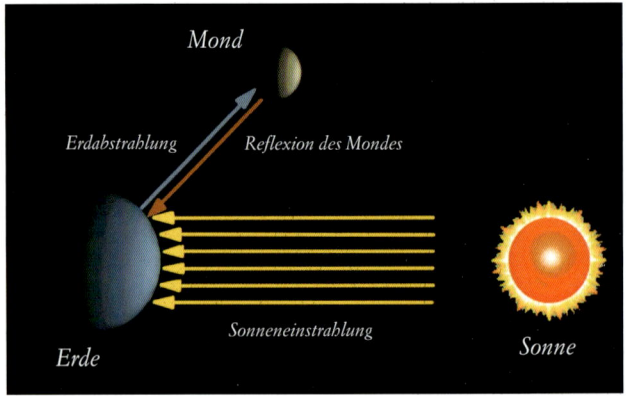

Schema zur Messung der Erd-Albedo (Energieabstrahlung von der Erde)

Jersey Institut auf ihrem Big Bears Sonnenobservatorium in Kalifornien Veränderungen der Erd-Albedo an Hand der Erdabstrahlung auf die dunkle Seite des Mondes und deren Reflexion von dort zur Erde zurück.

Und die Ergebnisse: Tatsächlich hat die Erd-Albedo zwischen 1985 und 1998 deutlich ab- und somit die Energieeinstrahlung der Sonne, die nicht reflektiert wurde, sondern am Erdboden angekommen ist, ebenso deutlich zugenommen (Abb. unten).

Änderungen der Erd-Albedo (Energieabstrahlung von der Erde) seit 1984 in Prozenten. Zum Vergleich wurde der vom IPCC behauptete Strahlungsantrieb durch CO_2 als rote Strecke in die Graphik eingebaut.[30]

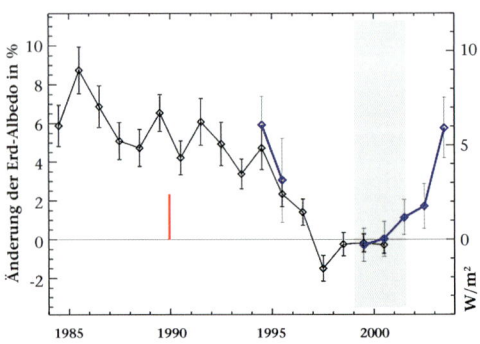

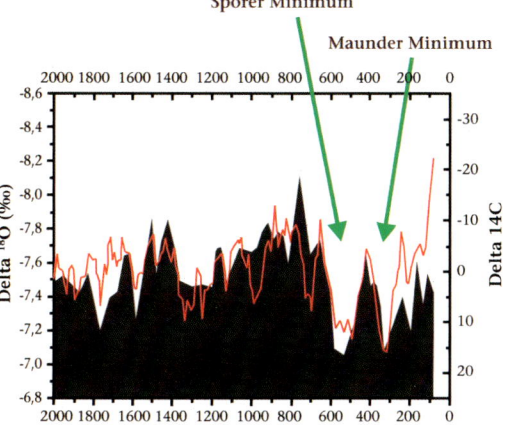

Im Bild zeigt Professor Augusto Mangini von der Universität Heidelberg die Rekonstruktion der Auswirkungen des Solarmagnetismus (rote dünne Linie) und der Temperatur (aufgrund des vorgefundenen O-18, schwarzes Feld) in der jeweils gleichen Tropfsteinschicht über die letzten 2000 Jahre. Die Jahresangaben zählen von heute in die Vergangenheit zurück.[31]

Änderungen des Sonnenmagnetismus lassen sich weit in die Geschichte zurückverfolgen (Abb. oben). Sie sind nämlich an der Menge der von der Kosmischen Strahlung erzeugten Isotope, insbesondere des Kohlenstoff 14 und Beryllium 10, die in datierbaren Schichten z. B. in Tropfsteinen, Eisbohrkernen etc. eingelagert sind, zu erkennen.

An Hand der kosmischen Partikelstrahlung und der Abdrücke, die sie in der Erdrinde hinterlassen, kann man die Klimageschichte der Erde recht gut bis zu über 2,5 Milliarden Jahre zurückverfolgen. Bei den großen Klimaschwankungen (Eis- und Warmzeiten) der Vergangenheit spielt vor allem die Wanderung unseres Sonnensystems innerhalb der Milchstraße und durch Bereiche mit sehr unterschiedlich dichter Kosmischer Strahlung eine wichtige Rolle. Die kleineren kurzfristigeren Schwankungen gehen eher auf Veränderungen im Sonnenmagnetismus zurück und seiner Fähigkeit, mehr oder weniger Kosmische Strahlung vom Sonnensystem und der Erde abzuhalten. Den damit verbundenen Fragen geht die neue Disziplin Kosmo-klimatologie nach, die Henrik Svensmark ins Leben gerufen hat.[32]

Schließlich gibt die Astronomie noch einen anderen Hinweis auf den Einfluss der Sonne auf die jüngsten Klimaschwankungen. Die Zeitschrift Strata Sphere berichtete am 6. März 2007: *„Klima-Erwärmungen auf Neptuns Mond Triton bewirken ebenso wie die auf den Planeten Jupiter, Pluto und auch auf dem Mars, dass sich Klimaexperten wegen der Frage am Kopf kratzen, was wohl die gemeinsame Ursache für die Erwärmung auf diesen Planeten sein könnte.“* Der Astronom beim MIT, James L. Elliot, hatte schon 1998 in „Nature" geschrieben: *„Jedenfalls hat Triton seit 1989 eine globale Erwärmung um 5 % erlebt, was von -392 Grad Fahrenheit auf -389 °F eine enorme Erwärmung darstellt".* Das entspräche unter Berücksichtigung der unterschiedlichen Entfernungen von der Sonne einer Erwärmung auf der Erde von 22°F oder rund 12°C. Wegen der dünnen Atmosphäre (sie entspricht der Erdatmosphäre in rund 80 km Höhe) seien Klimaveränderungen dort wesentlich leichter zu studieren als auf der Erde, meinte Elliot. Die Temperaturerhöhung ließ sich ermitteln, weil zuvor gefrorene Gase zu verdunsten begonnen haben. Dadurch hat sich die Atmosphäre des Neptun-Trabanten verdichtet, woraus die dazu nötige Erwärmung erschlossen wurde.[33]

Mit Raumsonden und selbst mit modernen Teleskopen lassen sich z. B. die Ausdehnung beziehungsweise das Schrumpfen der Trockeneisablagerung an den Polen des Mars beobachten und vermessen (Abb. rechts oben).

„Die NASA-Forscher, die Änderungen an der Oberfläche des benachbarten Planeten Mars im Zeitraum 1999–2005 beobachteten, haben eine kontinuierliche Eisschmelze am Südpol innerhalb von drei Marsjahren und eine gleichzeitige globale Erwärmung des Marsklimas – ohne Beteiligung von ‚Marsbewohnern' und ohne den ‚von ihnen ausgelösten' Treibhauseffekt – festgestellt," bemerkte nicht ohne Ironie

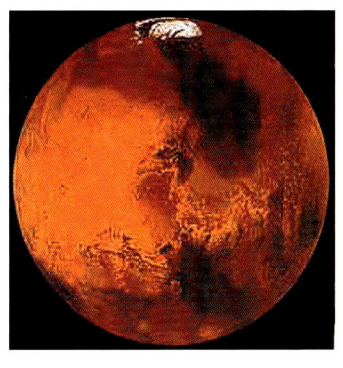

Auf dem Bild der NASA erkennt man gut den aus Trockeneis (CO_2) bestehenden Nordpol des Mars. Aus der Zu- und Abnahme der Eismasse kann man auf Klimaänderungen auf diesem Planeten schließen.

der Leiter des Labors für Weltraumforschung beim Hauptobservatorium Pulkowo von Sankt Petersburg, Chabibullo Abdussamatow. Außerdem haben sich durch Sonneneinwirkungen die physikalischen Eigenschaften der Atmosphäre des Mars wie auch der Erde geändert. All das habe einen Temperaturanstieg auf dem Mars und auf der Erde bewirkt, der mit dem direkten Einfluss des 200-jährigen Wachstums der Sonnenleuchtkraft vergleichbar sei. Abdussamatow bezog sich auch auf die in allerjüngster Zeit wieder zu beobachtende Abkühlung auf dem Mars und anderen Himmelskörpern des Sonnensystems: *„Da es auf dem Mars keinen Ozean gibt, ist die thermische Trägheit dieses Planeten weitaus geringer als die der Erde. Der Mars beginnt viel früher abzukühlen als die Erde."* Daher rät er, die Klimaentwicklung auf diesen Himmelskörpern sehr genau zu beobachten, um daraus Schlüsse für die künftige Klimaentwicklung auf der Erde zu ziehen.[34] Die russischen Forscher rechnen daher nicht mit einer kommenden Klimaerwärmung, sondern ehe mit einer Abkühlung aufgrund verminderter Sonnenaktivität, die im kritischen Fall der des Maunder-Minimums gleichen könnte.

Die oft vorgetragene Behauptung, *„natürliche Ursachen"* trügen nur zu *„einem Viertel"* an der Klimaänderung bei und das *„nur in der ersten Hälfte des 20. Jahrhunderts"*, die man von Seiten der Klimaschützer häufig zu hören bekommt, ist kaum stichhaltig.[35]

EIN „NATÜRLICHER" UND „ZIVILISATORISCHER" TREIBHAUSEFFEKT

Man geht heute allgemein davon aus, dass die Durchschnittstemperatur der Erde ohne die sogenannten Treibhausgase bei -18°C liegen würde. Mit dem Anteil der Treibhausgase in der Atmosphäre vor der industriellen Revolution hätte sich eine Durchschnittstemperatur von +15°C ergeben. Die Differenz, also rund 33°C, wird dem „natürlichen" Treibhauseffekt zu Gute gehalten. Wenn die Durchschnittstemperatur der Erde über 15°C hinaus ansteigt, dann gehe das zu Lasten des „unnatürlichen" oder „zivilisatorischen" Treibhauseffekts. Die vom Menschen zusätzlich in die Luft geblasene Menge CO_2 soll also den „natürlichen" Treibhauseffekt „unnatürlich" verstärken. Um diesen „unnatürlichen" Treibhauseffekt zu vermeiden, wollen Klimaschützer den CO_2-Eintrag in die Atmosphäre erst drosseln und mittelfristig ganz vermeiden.

Was ist unter dem Treibhauseffekt zu verstehen, wie soll er wirken? Der große Klima-Warner Professor Hartmut Graßl schrieb dazu 1990[36]: *„Die Strahlen der Sonne, die ungehindert von diesen Gasen (allen voran Kohlendioxid) durch die Atmosphäre der Erde dringen und die Oberfläche des Planeten so wohltuend erwärmen, bleiben, wenn sie als Wärmestrahlen entweichen wollen, unter einem Schirm von Spurengasmolekülen wie in einem Glashaus gefangen. Je mehr davon in der Atmosphäre schweben, desto wärmer wird es auf der Erde. Das ist ein Naturgesetz."*

Diese Aussage ist mindestens missverständlich. In einem Glashaus wird es bekanntlich bei Sonnenschein auch an einem recht kalten Wintertag schnell wohltuend warm. Das liegt aber nicht am CO_2, sondern daran, dass durch das Glas die Luftzirkulation unterbunden wird. Warme Luft steigt bekanntlich auf und

Stündlich ereignen sich auf der Erde rund 3000 Gewitter mit etwa 100 000 Blitzen.

wird im Freien durch von oben nachfließende, kältere Luft ersetzt. Das Glas unterbindet diesen Prozess und staut daher die Wärme. Das gleiche geschieht auch in einem Auto, das in der Sonne geparkt wird.

CO_2 kann die Luftbewegung (Konvektionen) natürlich nicht wie Glas unterbinden. Es wird mit der Luft verwirbelt. Es gibt keinen CO_2-Schirm, das ist kein Naturgesetz, sondern falsch. Wem dieser Hinweis nicht genügt, der möge sich an einem klaren sonnigen Wintertag in ein relativ warmes Treibhaus setzen und dort die Nacht abwarten. Er wird sich wundern, wie rasch die Wärme durch das Glas verschwunden ist. Sie wird weder vom Glas noch vom vermehrten CO_2, mit dem in modernen gewerblichen Glashäusern die Luft angereichert wird, um ein gesünderes Pflanzenwachstum zu erzielen, daran gehindert.

Der weitaus größte Teil der Energie, die die Sonne der Erde kontinuierlich zufließen lässt und die bis auf den Erdboden gelangt, wird durch Konvektion, das heißt die Thermik der am Boden erwärmten Luft, durch Wärmetransport durch Wind und Meeresströmungen und durch die latente (nicht spürbare) Wärme der Verdunstung abgeführt. Pro Sekunde verdunsten auf der Erde rund 14 Mio. t Wasser. Der Dampf nimmt die darin gebundene Energie auf; er steigt auf und gibt sie hoch oben in den Wolken, in denen er zu Wassertröpfchen kondensiert, wieder ab. Außerdem finden stündlich auf der Erde 3000 Gewitter mit rund 100 000 Blitzen statt. Diese wenigen Zahlen sollen nur andeuten, welche Energieströme in der Atmosphäre bewegt werden, ohne dass dabei Infrarotstrahlung und „Wärme" die einzig wichtige Rolle spielen.

Aber auch der von Grassl und anderen immer wieder und überall behauptete „natürliche" Treibhauseffekt von 33° Celsius – die Differenz zwischen der errechneten Durchschnittstemperatur der Erde ohne Treibhausgase von -18° und der wiederum nur errechneten Durchschnittstemperatur von +15° – ist höchst problematisch.

Bekanntlich strahlt jeder Körper in Abhängigkeit von seiner Temperatur. Die Abstrahlung eines idealen „schwarzen Körpers" ist nach dem Stephan-Bolzmann Gesetz proportional zur 4. Potenz (hoch 4!) seiner absoluten Temperatur in Kelvin (K); +15° C entsprechen etwa 288 K eines solchen Körpers. „Schwarz" ist ein Körper, wenn er in allen Spektralbereichen unter dem durch seine Temperatur bestimmten Strahlenmaximums und nicht nur in ganz bestimmen Wellenlängen seinen „Banden" strahlt.[37]

Die Erde ist in diesem Sinne eigentlich kein „schwarzer Körper"; sie wird aber als solcher behandelt. Das mag angehen, weil ihr Strahlungsverhalten dem eines schwarzen Körpers recht nahe kommt. Auf keinen Fall aber ist ein Gas, also auch CO_2, bei gemäßigten Temperaturen ein schwarzer Körper. Gase strahlen nur in ganz bestimmten Strahlungsbereichen, ihren sogenannten Banden. Doch behandeln Klimaschützer Gase oft als schwarze Körper und rechnen dadurch falsch. Vor allem aber missinterpretieren sie die naturwissenschaftlich bestätigte Aussage über das Emissionsverhalten eines erwärmten „schwarzen Körpers". Die Temperatur eines Körpers bestimmt das Strahlungsmaximum der Wellenlänge seiner Strahlung.

Es ist aber nicht erwiesen, dass man aus der Strahlung, die einen Körper trifft, auf die durch die Strahlung erzeugte Temperatur zurückschließen kann. Für eine derartige Folgerung gibt es bisher keine naturwissenschaftliche Grundlage. Außerdem bestimmen über die Temperatur , die an den verschiedenen Punkten der Erde herrschen, unterschiedliche Bedingungen der Luft: wie Druck, Luftfeuchtigkeit, Regen etc. und unterschiedliche Bodenbedingungen, wie Wasser, Eis, Stein, Sand, Wald, Wiese etc.

Schwerer wiegt noch die folgende Vorgehensweise. Die Klima-Propheten mitteln die vom Satelliten gemessene Sonneneinstrahlung abzüglich Albedo über die Schnittfläche der Erdkugel. Sie berechnen daraus durch die Umkehrung des Stefan-Bolzmann-Gesetzes die Durchschnittstemperatur am Erdboden und glauben damit die „mittlere" Temperatur der Erde ohne den „natürlichen" Treibhauseffekt errechnet zu haben. Aus den gemittelten Temperaturmessungen am Boden ermitteln sie die Durchschnittstemperatur der Erde. Die Differenz soll dann den „natürlichen" Treibhauseffekt ergeben.

Eine durchschnittliche Strahlung für eine Durchschnittstemperatur gibt es nicht. Würde man richtig vorgehen, müsste man die T4-Umrechnung erst für jeden einzelnen Wärmepunkt vornehmen und dann erst aus den Ergebnissen einen Mittelwert bilden. Bei einer solchen Vorgehensweise erhielte man völlig andere Werte als die immer wieder von einander abgeschriebenen - 18° und + 15 ° C. Für die richtige Mittelwertberechnung gibt es allerdings theoretisch wegen der unendlichen Zahl der benötigten Messpunkte kaum eine lösbare Methode. Das heißt aber, der „natürliche" Treibhauseffekt der Klimatologen beruht in erster Linie auf falschen Berechnungen. Wer sich näher mit der mathematischen Argumentation beschäftigen will, der sei an die Arbeit des theoretischen Physikers Prof. G. Gerlich an der TU Braunschweig verwiesen.[38]

Für Laien leichter verständlich ist eine andere Argumentation. Die theoretische Berechnung des „natürlichen" Treibhauseffekts bezieht sich auf die Strahlungsbilanz eines theoretischen „schwarzen Körpers", der gleichmäßig warm ist und über keine Ozeane oder Atmosphäre verfügt. Die Erde ist nur annähernd ein „schwarzer Körper", weist unzählige Temperatur-Unterschiede aus, aber vor allem besitzt sie ausgiebige Ozeane (71% der Erdoberfläche) und mächtige Atmosphäreschichten. Diese sind gewaltige Wärme- und Energiespeicher und bewältigen riesige Wärme- und Energie-Transporte vom Äquator in Richtung Pole und vom Boden in die höheren Atmosphäreschichten.

Gewässer und Luft nehmen tagsüber Wärme auf und geben sie nur langsam über Nacht wieder ab. Dagegen laufen Strahlungsübertragungen annähernd in Lichtgeschwindigkeit ab. Der größte Teil des sogenannten „natürlichen" Treibhauseffekts hat überhaupt nichts mit der Strahlungsbilanz der Erde und mit der Rückstrahlung sogenannter Treibhausgase zu tun, sondern mit dem Energietransport, mit der Aufbewahrung fühlbarer Wärme in den Ozeanen, mit der latenten Energie des Wasserdampfs. Dazu kommt die chemische Bindung der Energie in Pflanzen als Folge der Photosynthese oder durch die Verwitterung des Gesteins. Wenn Sie nachts ihre Zentralheizung ausschalten, ist Ihre Wohnung morgens noch nicht so kalt wie die Außenluft, sondern es hat sich im Heizungssystem, in den Wänden und in der Zimmerluft fühlbare Wärme gespeichert, die sich erst mit der Zeit verflüchtigt.

WIE WIRKT CO$_2$
IN DER ATMOSPHÄRE?

Von Klimaschützern wird gerne behauptet, die Skeptiker würden nicht verstehen, wie CO$_2$ in der Atmosphäre wirkt und zur Erwärmung der Erde beiträgt. Dass CO$_2$ nicht wie ein Glas- oder Treibhaus wirkt, haben wir schon geklärt. Es soll aber die Abstrahlung der von der Sonne eingestrahlten Energie behindern und dadurch zur „unnatürlichen" Erwärmung beitragen. Dazu sollte man sich den Anteil, den CO$_2$ an der Atmosphäre hat, vor Augen führen. Auch müssen einige Begriffe geklärt und unterschieden werden, die allzu gerne vermischt werden.

Den Anteil des CO$_2$ an der Atmosphäre zeigt das folgende Bild. Auf 10 000 Luftmoleküle kommen gerade einmal 3 Moleküle CO$_2$. Dieses Verhältnis ist zum Verständnis der Strahlungsvorgänge wichtig.

Zuerst muss man zwischen Reflexion und Emission (das oft gebrauchte Wort Re-Emission ist Unsinn – es gibt nur Emissionen) unterscheiden. Reflexion spiegelt Strahlung

Das Bild veranschaulicht die derzeitige Zusammensetzung der Atmosphären-Luft am Erdboden: Stickstoff 78% (schwarz), Sauerstoff 21% (blau), Wasserdampf 4–5% (violett), sonstige Edelgase 1% (grün) und CO$_2$ 0,038% (der eine rote Punkt).

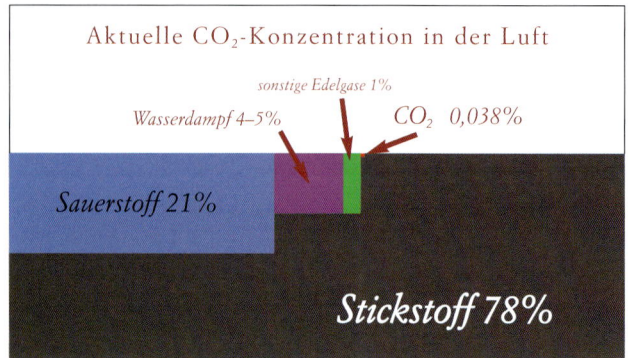

Aktuelle CO$_2$-Konzentration in der Luft

sonstige Edelgase 1%

Wasserdampf 4–5%   CO$_2$ 0,038%

Sauerstoff 21%

Stickstoff 78%

wie ein Spiegel zurück. Dazu sind helle Körper (z. B. Schneeflächen, Ozeanoberflächen, aber auch die Wassertröpfchen oder Eiskristalle der Wolken) mit Einschränkungen in der Lage, aber nicht Gase. Deren Atome und Moleküle können nur Energiequanten (Photonen) in ganz bestimmten Bereichen (Banden) aufnehmen (absorbieren) und wieder abstrahlen (emittieren).

Sodann muss man zwischen Wärme, Temperatur, Energie und Strahlung unterscheiden. Als fühlbare Wärme nehmen wir die ungeordnete Bewegung (Kinetik) von Atomen und Molekülen eines Stoffes wahr. Temperatur ist eine Größe für die mittlere Bewegungsenergie der Teilchen des jeweiligen Körpers, sie wird über molekulare Stoßanregung mit einem Thermometer gemessen. Energie ist ein Potential, das Arbeit verrichten kann. Sie wird bei Zustandsänderungen frei oder gebunden oder tritt als elektromagnetische Strahlung temperaturlos auf. Sie wird in Joule (J) gemessen. Bei trockener Luft steigt zum Beispiel die Temperatur, wenn man einem Gramm (g) Luft 1 J Energie zufügt um 1 Grad. Bei feuchter Luft muss mehr Energie zugefügt werden, um die Luft um 1 Grad zu erwärmen, weil der Energiegehalt dieser Luft weitgehend durch die latente (nicht spürbare) Wärme, die Verdampfungs- bzw. Kondensationswärme des enthaltenen Wasserdampfes bestimmt wird. Beispielsweise ist bei + 20°C (bei normalem Luftdruck von 1 bar) der Energieinhalt der Luft bei 99 % relativer Luftfeuchtigkeit um rd. 37,5 J/g (entspricht 10 Wh/g kg bzw. 10 kWh/t) höher als bei trockener Luft gleicher Temperatur. Neben der Luftfeuchtigkeit spielt auch der Luftdruck für die Lufttemperatur eine Rolle. Wenn also nur mit „Wärme" gearbeitet wird, ergibt sich kein genaues Bild der Klima-Situation.

Strahlung besteht aus Energiequanten, Photonen, die selbst nicht als Wärme in Erscheinung treten. Erst wenn sie auf ein Atom/Molekül treffen und dieses in Bewegung setzen, tritt Wärme in Erscheinung. Bei der Emission des Photons verschwindet diese mit dem entsprechenden Bewegungsimpuls wieder, das Teilchen wird entsprechend „kälter". Bei der sogenannten Rückstrahlung des CO_2 auf die Erde ändert sich wenig, entweder wird der Boden minimal wärmer und die darüber liegende Luft entsprechend kälter oder umgekehrt.

Die freien Teilchen eines Gases können nur Strahlung in einem bestimmten Wellenlängenbereich absorbieren und emittieren. Dieser liegt für die meisten Gasmoleküle nicht im Bereich der Infrarotstrahlung. Sogenannte Treibhausgase können das im Bereich der Infrarotstrahlung, weil sie in sich und um mehrere Achsen schwingen.

Rein theoretisch absorbiert CO_2 in folgenden Strahlungsbereichen:

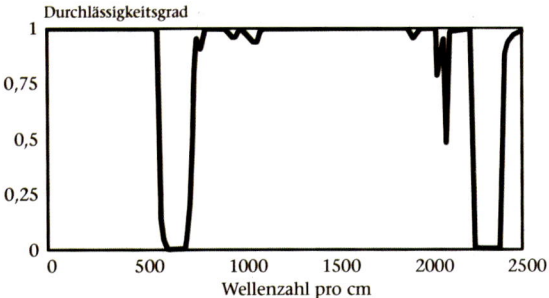

Mittels des HITRAN-Programms simuliertes CO_2-Absorptionsspektrum (für 100 m Schichtdicke und 36 PA CO_2.

Nimmt man Wasserdampf hinzu, sieht es theoretisch so aus:

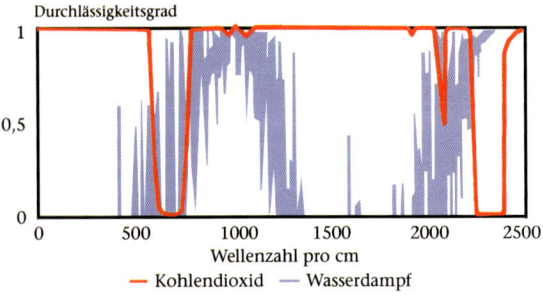

Mittels des HITRAN-Programms simulierte Absorptionsspektren von Wasserdampf und CO_2 (100 m Schichtdicke, 785 PA Wasser, 36 PA CO_2).

Man sieht, dass der Wasserdampf zum Teil die Banden des CO_2 überlagert. Legt man beide Absorptionsvermögen über die theoretische Energieabstrahlung der Erde als eines durchschnittlich 288° Kelvin (15°C) warmen, schwarzen Körpers, ergibt sich folgendes Bild.

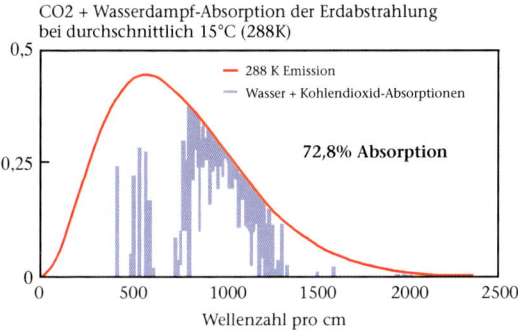

Hohlraumstrahlung für 288°K und Effekt der Absorptionen von CO₂ und Wasserdampf (100 m Schichtdicke, 784 PA Wasserdampf, 36 PA CO₂).

Die Treibhausthese besagt nun: Die einzige Wärmequelle ist die Sonne. Die Strahlung im Spektralbereich der heißen Sonne erreicht die Erde auf der Tagesseite des Planeten und wärmt ihn auf. Die erwärmte Erde strahlt diese Energie in ihrem Spektralbereich wieder ins All hinaus. Dabei stellt sich ein Gleichgewicht ein, so dass die eingestrahlte Energie im Mittel etwa gleich der ausgestrahlten sein sollte. Wird die Abstrahlung durch Treibhausgase gehemmt, erwärmt sich die Erde bis die Abstrahlung mit der Einstrahlung wieder ins Gleichgewicht kommt: Da die Abstrahlung des Bodens nach Stefan-Boltzmann mit der 4. Potenz der absoluten Temperatur steigt, kann es sich nur um eine geringe Erwärmung handeln.

Die verschiedenen Abstrahlungsvorgänge von der Erde teilen sich nach heutigem Verständnis so auf, wie es in folgendem Bild dargestellt ist. Dabei ist zu berücksichtigen, dass es sich um ein theoretisches, durchschnittliches Strahlungsschema handelt. An keinem Punkt der Erde verhält sich die Strahlung genau so, wie auf dem Schema dargestellt.

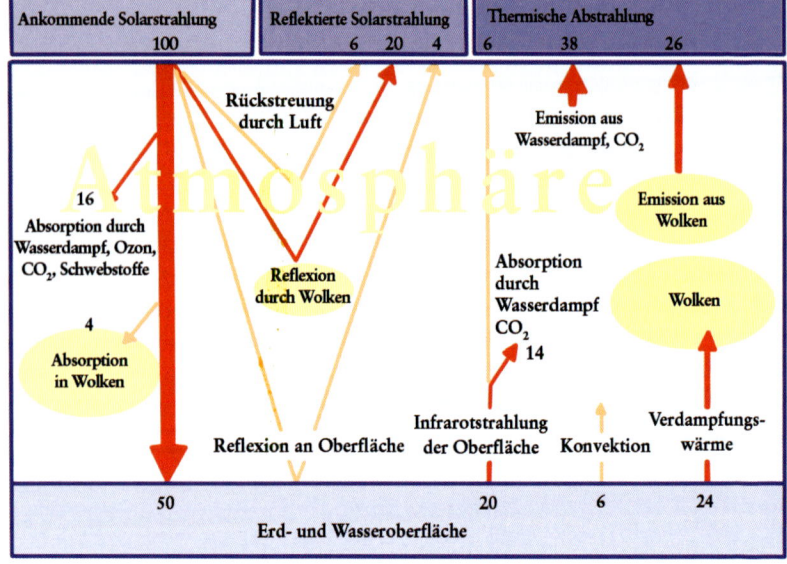

Schema der Energieflüsse in der Atmosphäre in %[39]

Nach dem Schema in der Abbildung gelangen etwa 38 % der eingestrahlten Sonnenenergie über Emission der Treibhausgase nach draußen ins All. Allerdings geschieht das in sehr hohen Höhen der Atmosphäre, in der Stratosphäre, wo der Luftdruck entsprechend niedrig und die Luft bereits entsprechend kalt ist. In Bodennähe, in der Troposphäre, in der sich das Wetter abspielt, absorbiert CO_2 etwa 14 % der vom Erdboden ausgehenden Infrarotstrahlung und der Wasserdampf 60% der Strahlung. Im Rest teilen sich die anderen Treibhausgase. Allerdings gibt der Boden nur 20 % der eingestrahlten Energie in Form von Infrarotstrahlung ab. Die Energie gelangt im Bereich der Troposphäre zu 67% durch Konvektion (Luftverwirbelung) und zu 25 % als latente (nicht spürbare) Wärme mit dem Wasserdampf in den höheren Bereich der Atmosphäre, von wo sie dann durch Treibhausgase ins All abgestrahlt werden kann. Der Prozentsatz über 100% ergibt sich, weil die vom Boden abgestrahlte Energie zumeist die Luft erwärmt und dadurch ebenfalls die Konvektion antreibt.[40]

Die veränderte Treibhausthese besagt nun: Vermehrte Treibhausgase können in Bodennähe den Wärmeabfluss durch Rückstrahlung verzögern, so dass sich der Erdboden zusätzlich erwärmen muss, um die eingestrahlte Energiemenge über diese Barriere hinweg wieder als Strahlung an das All abgeben zu können. Stellen Sie sich einen Fluss vor, durch den ein Draht gezogen wird. Das Hindernis hebt den Pegel des Wassers etwas an und beschleunigt ihn zugleich.

Bei Zunahme seiner Temperatur erhöht sich – wie erwähnt – die Strahlungsleistung eines Körpers mit der 4. Potenz. Das heißt, dass sich bei steigender Temperatur das Strahlungsgleichgewicht durch die überproportional gesteigerte Abstrahlungsleistung schnell wieder herstellt. Der gleiche physikalische Mechanismus würde bei sinkender Temperatur die Abkühlung bremsen.

Doch schauen wir uns den Strahlungsvorgang etwas genauer an. Die von der Erde abgegebene Strahlung lässt sich vom Satelliten aus recht gut messen: Auf der nächsten Seite folgenden Abbildung (nach Hanel et.al.) erkennt man das typische Abstrahlungsspektrum in Gebieten mit möglichst geringer Luftfeuchtigkeit: (a) Sahara, (b) Mittelmeerraum, (c) Antarktis. Der Wasserdampf, dessen Strahlungsbanden die des CO_2 zum Teil überlagern, sollte dabei möglichst keine Rolle spielen. Deutlich erkennt man das „stets offene atmosphärische Strahlungsfenster", durch das selbst nach Aussagen der Enquete-Kommission des Deutschen Bundestags die Infrarotstrahlung der Erdoberfläche ungehindert ins All entweicht. Ebenso deutlich sind die Einkerbungen in den Wellenbereichen zu erkennen, in denen CO_2 und andere Treibhausgase absorbieren. Dabei ist wichtig, darauf zu achten, dass diese Senken nicht wie bei den oben theoretischen Absorptionsbanden (vorangehende Abbildungen) bis hinunter zur Nullebene reichen. Welche Bewandtnis das hat, wird deutlich, wenn man auf das Satellitenbild der Abstrahlung bei bewölktem

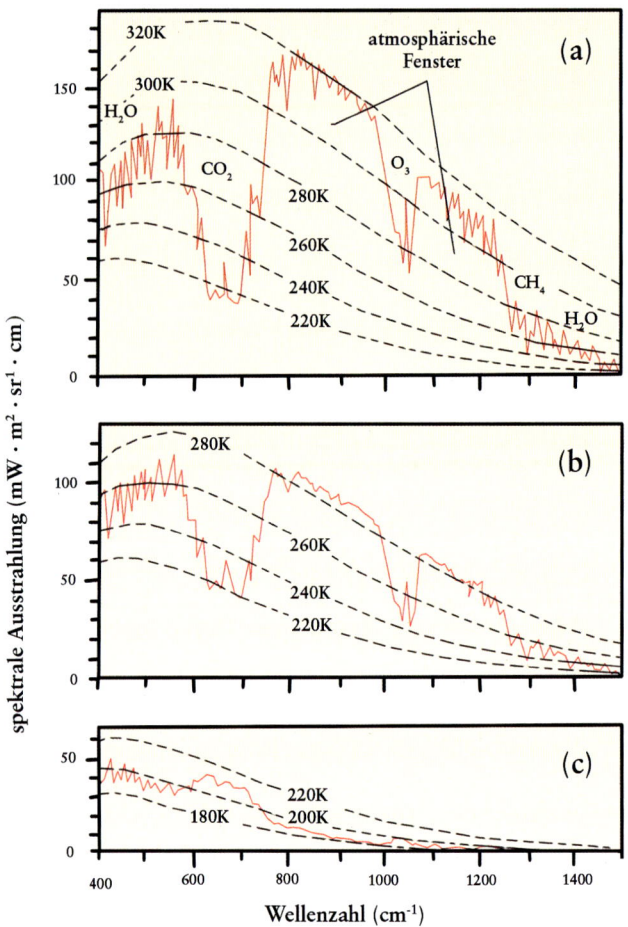

Mess-Beispiele der spektralen Emissionen der Erde bei geringer Luftfeuchtigkeit vom Satelliten Nimbus 4 mit den gestrichelten Planckschen Strahlungstemperaturen (180–320 K) (a) Sahara, (b) Mittelmeer (c) Antarktis (nach Hanel et. Al.)

und klarem Himmel – besonders deutlich in den Tropen – miteinander vergleicht, wie die Abbildung rechts zeigt.

Bei bewölktem Himmel verläuft die Abstrahlungskurve auch des „stets offenen atmosphärischen Strahlungsfensters" deutlich niedriger.[41] Sie verläuft bei einer gestrichelten Linie, die sich auf die Temperatur des strahlenden Körpers bezieht. Der strahlende Körper ist in

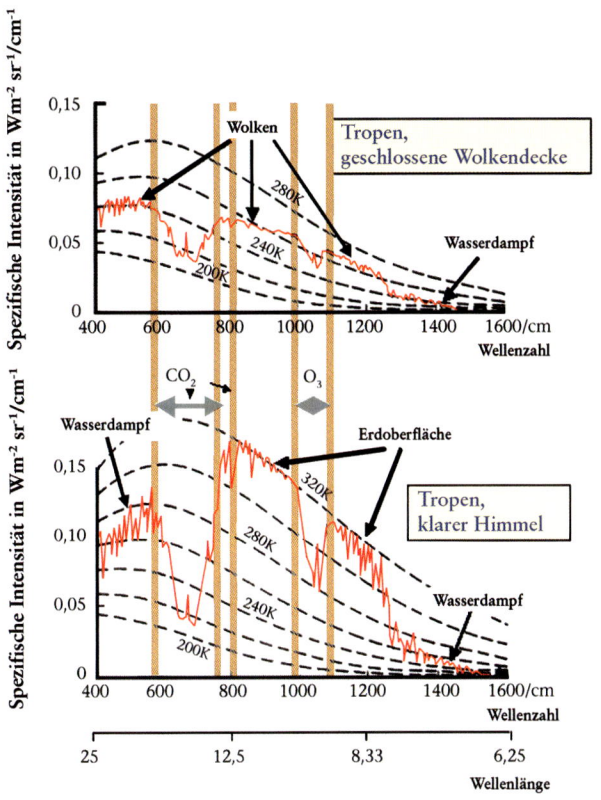

Mess-Beispiele der spektralen Emission der Erde in den Tropen mit und ohne Bewölkung (vom Satelliten Nimbus 4, mit den Planckschen Strahlungstemperaturen)

diesem Fall die relativ kalte Wolkendecke in hoher Höhe. Wir erkennen also in diesem Fall nicht die Infrarotabstrahlung des Erdbodens, sondern der Wolken. Die CO_2-Bande hat ihr Strahlungs-Maximum bei 52° also etwa bei 220 Kelvin. Während der Erdboden in den Tropen maximal bei bis zu 320 K strahlt. Was das bedeutet, zeigt besonders gut in der Abbildung auf der linken Seite das dritte Feld (c) an. Über der Antarktis ist der Boden kälter und strahlt nur bei 200 K, während wir im Bandenbereich von CO_2 nun sogar eine Ausstülpung auf 220 Kelvin sehen. Die Einkerbungen der CO_2-Banden beziehen sich also auf die Temperatur des tatsächlich strahlenden CO_2 und nicht unbedingt auf eine Behinderung der Abstrahlung in diesem Bandenbereich.

Was geschieht nun speziell im Falle von CO_2? Die von der Sonne erwärmte Erde strahlt das CO_2-Molekül an. Es wird von einem Photon in seinem Absorptionsbereich getroffen. Das Molekül wird dadurch energetisch erregt und gerät in Schwingungen. Diese Schwingungen werden als fühlbare Wärme wahrgenommen. Das Schwingungsvermögen des Moleküls ist die physikalische Voraussetzung dafür, dass es diese Art Photon absorbieren konnte. Im Grunde ist es aber völlig gleichgültig, ob das CO_2 oder die übrige Luft energetisch durch molekulare Stöße des warmen Erdbodens aktiviert, d. h. erwärmt wird oder durch ein vom Erdboden abgestrahltes, in seine Absorptionsbanden passendes Infrarot-Photon. In der Energiebilanz führt dies zu keinerlei Unterschied. Kalte Luft kann den Boden kühlen und sich dabei entsprechend erwärmen – und umgekehrt.

Bevor nun das angeregte CO_2-Molekül aufgrund seines Schwingungsverhaltens nach rund 10 Mikrosekunden ein seiner Bande entsprechendes Photon wieder emittieren könnte, ist es rund 10 000 Mal mit anderen Luftmolekülen zusammengestoßen. Diese für uns unvorstellbaren Geschwindigkeiten gelten als physikalisch gesichert.[42] Dabei verliert das CO_2-Molekül seine überschüssige Energie (Wärmebewegung) an die Luftmoleküle seiner Umgebung durch „Stoßdeaktivierung". Das heißt, die Luft in seiner Umgebung erwärmt sich und steigt zusammen mit dem CO_2-Molekül auf. Dem CO_2-Molekül fehlt dadurch in der Regel (in 95 % der Fälle) die nötige Energie, um wieder ein Photon seines Energie-Spektrums abstrahlen zu können. Die Dichte der Luft nimmt mit der Höhe und dem Luftdruck ab, entsprechend seltener kommt es zu Berührungen mit anderen Molekülen und damit zu Stoßdeaktivierungen. Wenn die Luft mit dem CO_2-Molekül bis in eine Höhe aufsteigt, in der die Luft dünn ist, kann es aus den Zusammenstößen mit anderen Molekülen Energie einsammeln (Stoßaktivierung) und in seinen typischen Banden als Photonen ins All emittieren. Die Temperatur des Bandenmaximums für den Hauptstrahlungsbereich von CO_2 liegt bei -52°. Diese Temperatur herrscht in der Atmosphäre über dem Bereich, in dem Wetter stattfindet, und zwar in Nähe der Tropopause.

Die durchschnittliche Temperaturverteilung in den Höhenschichten der Atmosphäre zeigt die untere Abbildung.

Wenn das CO_2-Molekül die durch „Stoßaktivierung" erhaltene Energie als Photon abstößt, kühlt es sich und seine unmittelbare Umgebung entsprechend ab. Das geschieht meist oberhalb der Tropopause, wo die Luft dünner und die Stoß(de)aktivierung seltener wird. Flugzeuge, welche nach Hinweisen auf CO_2 in anderen Sternen Ausschau halten, müssen rund 10 km hoch aufsteigen, um entsprechende Werte messen zu können. Weiter unten ist die Atmosphäre für die CO_2-Strahlung zu dicht.[42a]

Die Infrarotstrahlung des CO_2 ist aber zur Abkühlung der Atmosphäre wichtig. Der größte Teil der Atmos-

Höhenschichten der Erdatmosphäre und deren Temperaturbereich

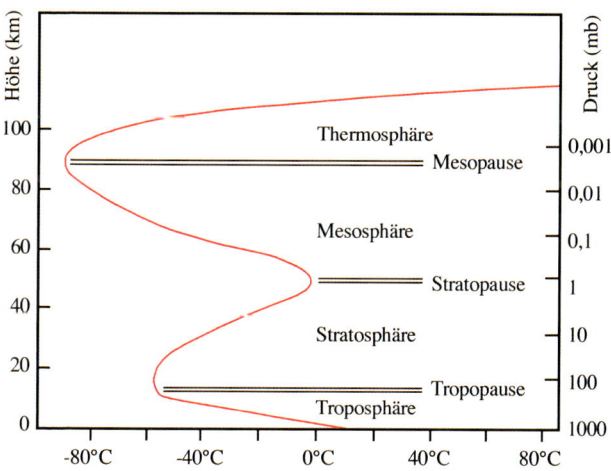

phäre besteht aus sogenannten inerten Gasen (Stickstoff und Sauerstoff). Diese können die an der Erdoberfläche durch Stoßaktivierung aufgenommene Energie der Atmosphäre nicht wieder abgeben. CO_2 sorgt neben anderen Treibhausgasen dafür, dass sich die Atmosphäre nicht überhitzt, sondern ihre als Wärme aufgenommene kinetische Energie wieder als Strahlung abführen kann. Eine Zunahme an CO_2 trägt daher neben anderen Treibhausgasen eher zur verstärkten Abkühlung der Atmosphäre bei.

Und was geschieht weiter, wenn sich in der Atmosphäre CO_2 anreichert? CO_2 absorbiert bei einem Anteil an der Atmosphäre von derzeit 0,038% bereits 98,5% der Strahlung in seinem Bandenbereich. Bei einer Verdopplung des CO_2-Gehalts würde es 99,3% dieser Strahlung, also 0,8% mehr absorbieren. Mit höherer Konzentration nimmt die zusätzliche Absorptionsleistung geometrisch ab. Welche Bedeutung kommt da der Tatsache zu, dass der Mensch allenfalls 3 % des natürlichen CO_2-Eintrags in die Atmosphäre beisteuert? Auch wenn der ganz entfiele, änderte sich am Klima-Antrieb des natürlichen CO_2 kaum etwas (Abb. rechts).

Daher hatte Prof. Reimund Stadler vom Institut für Organische Chemie der Universität Mainz annähernd Recht, als er am 14.12.1994 in der Mainzer Allgemeinen Zeitung feststellte: *„Die Strahlungen, die vom Kohlendioxid absorbiert werden können, werden bei der vorhandenen Kohlendioxidmenge bereits vollständig eingefangen. Mehr geht nicht! Der konstruierte Zusammenhang zwischen global warming und Kohlendioxidemission entbehrt einer wissenschaftlich kritisch überprüfbaren Grundlage.“* Für denjenigen, der nur den von den Medien „anerkannten Autoritäten“ glauben will, bemerkte der Nobelpreisträger Paul Crutzen 1993 in einem Lehrbuch[44] treffend: *„Es gibt bereits so viel CO_2 in der Atmosphäre, dass in vielen Spektralbereichen die Aufnahme durch CO_2 fast vollständig ist, und zusätzliches CO_2 keine große Rolle mehr spielt.“*

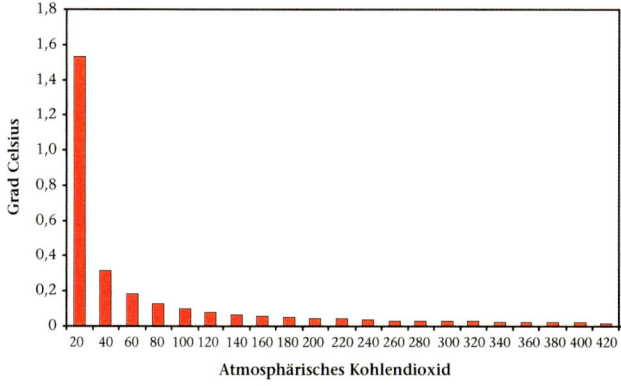

Die höchste Absorptionsleistung erreicht CO₂ bereits mit einem
Luftanteil von 20 ppm und damit schon mehr als die zusätzlichen
360 ppm zusammengenommen. (Die hier in Grad Celsius umge-
rechnete Absorptionsleistung beruht auf der oben beschriebenen
falschen Berechnungsweise. Das Bild gibt aber die Größenordnun-
gen der Absorptionsleistung richtig wieder)[43]

Die Folge ist, dass CO_2 bei einer Verdopplung seines Ge-
halts die Strahlung in seinem Bandenbereich statt bis zu
einer Höhe von etwa 100 Metern bereits in geringerer
Höhe absorbiert und zur Lufterwärmung umgewandelt
hat. Sollte es dabei auch zur Rückstrahlung kommen, dann
wird lediglich der Luft wieder Energie entzogen und dem
Boden zugeführt. Der Wärmehaushalt der unteren Troposphäre ändert sich dadurch nicht. Das gilt auch, wenn
sich theoretisch – wie behauptet wird – bei einem Anstieg
des CO_2-Gehalts in der Atmosphäre der Bandenbereich
des CO_2 in den äußersten Winkeln etwas erweitert, so dass
hierdurch an den Rändern des Spektralbereichs etwas zusätzliche Strahlung absorbiert werden könnte.
Nach den aus theoretischen Gründen problematischen,
aber allgemein üblichen Rechenprogrammen zur Ermitt-
lung der sogenannten Rückstrahlung, soll sich bei einer
Verdopplung von CO_2 von 400 auf 800 ppm eine zusätzliche Strahlungsenergie von 3 W/m² ergeben. Doch
dürfte der größte Teil davon über Stoßdeaktivierung zur
Erwärmung der Luft (Thermalisierung) und entsprechend

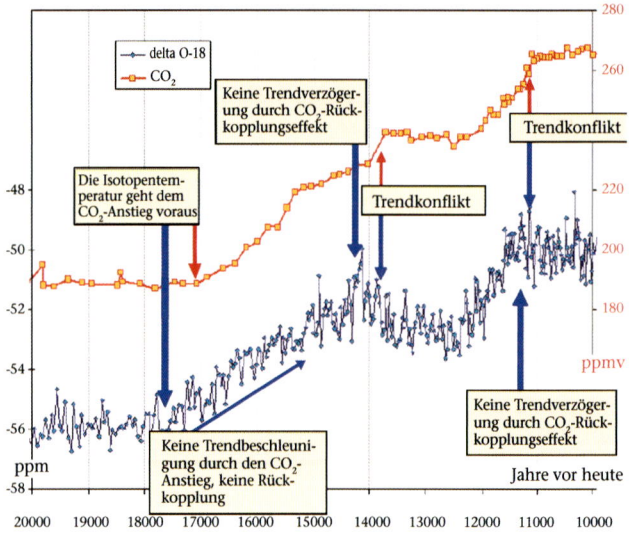

Messungen in den Eisbohrkernen zeigen Konflikte zwischen den CO₂-Trends und den an Hand der O-18 Isotopen ermittelten Temperatur. Der Anstieg des CO₂-Gehalts sollte dem Absinken der Temperatur entgegenwirken bzw. ihn fördern.[48]

verstärkter Konvektion dienen und nicht zum Boden zurückgestrahlt werden. Wenn man das unberücksichtigt lässt, aber bedenkt, dass der Strahlungsbereich, in dem CO_2 möglicherweise zum Boden zurückstrahlen könnte, von dem des viel reichlicher vorhandenen Wasserdampfs überlagert würde, würde sich allenfalls eine zusätzliche Rückstrahlung von 1,95 W/m² ergeben. Das würde nach den üblichen, aber problematischen Berechnungsweisen die Durchschnittstemperatur der Erde maximal um durchschnittlich 0,26°C anheben.

Da sich mit einer solchen Erwärmung kein „Staat" machen lässt, hatte man den „Wasserdampf-Verstärkungseffekt" eingeführt. Das heißt, die minimale zusätzliche Erwärmung sorgt für eine stärkere Verdampfung von Wasser. Das hieße aber, sie verschwände als latente (nicht spürbare) Wärme (eigentlich Energie) in der Luftfeuchtigkeit. Das mehr an Wasserdampf soll aber nach vorherrschender Meinung die

Strahlungsabsorption in seinem ebenfalls bereits schon gesättigten Bandenbereich verstärken und dadurch für eine zusätzliche Erwärmung sorgen, die wiederum für mehr Wasserdampf sorgt und so weiter.

Eine auf Messungen beruhende Veröffentlichung des Bonner Prof. Hermann Flohn[45] hatte schon 1978 belegt, dass eine positive Rückkopplung über Wasserverdunstung nicht stattfindet. Ähnliches fand auch der bekannte Meteorologe vom MIT, Richard Lindzen, heraus[46]. Er entdeckte sogar Gründe für eine negative Rückkopplung durch steigende Wasserverdunstung (Umwandlung von fühlbarer Wärme in latente Energie), auf die wir hier aber nicht weiter eingehen.[47]

Auch jüngste Analysen der Eisbohrkerne durch das Europäische Eisbohrkerne-Projekt in der Antarktis (EPICA), das die „natürlichen Archive" für Temperatur- und CO_2-Signale der Vergangenheit untersucht, widersprechen einer solchen positiven Rückkopplung.

Der Beitrag des CO_2 zur Klimaerwärmung ist also nicht so „geklärt", wie die „Klimaschützer" vorgeben. Er wird in der Regel gewaltig übertrieben.

STAMMT ZUSÄTZLICHES CO_2 VOM MENSCH ODER AUS DER NATUR?

Die Herkunft des zusätzlichen CO_2 in der Atmosphäre scheint eine banale Frage zu sein. Es lässt sich relativ genau feststellen, wie viel sogenannte fossile Treibstoffe jährlich verbrannt, wie viele Wälder durch Brand gerodet und wie viele vom Blitz oder sonst wie entzündete Torf- und Kohleflöze noch immer im Boden verglimmen. Man rechnet zurzeit mit einem zivilisatorischen CO_2-Eintrag von 7 bis 7,5 Gigatonnen (Gt) Kohlenstoff pro Jahr. Der natürliche CO_2-Eintrag wird mit zwischen 200 und 300 Gt aufgrund viel ungenauerer Ausgangsdaten angegeben. Allerdings gilt auch, dass sich der Kohlenstoff, den zum Beispiel die Menschen verbrennen, mit dem Sauerstoff O_2 der Luft zu CO_2 verbindet. Doch wie seltsam! Eine Abnahme des Sauerstoffgehalts der Atmosphäre ließ sich entsprechend der CO_2-Zunahme bisher nur schwer nachweisen. Woher nimmt der vom Menschen verbrannte Kohlenstoff sein O_2?

Ähnliches gilt aber auch für den Verbleib des vom Menschen eingebrachten CO_2. Nur die Hälfte davon lässt sich in der Atmosphäre durch den Anstieg ihres CO_2-Gehalts nachweisen. Wohin verschwindet die andere Hälfte? Offensichtlich sind hier noch andere Quellen und Senken für CO_2 am Werk.

Seit langem weiß man, kälteres Wasser nimmt mehr CO_2 auf als warmes. Das kann jeder mit Hilfe einer Sprudelflasche überprüfen. Eine warme Sprudelflasche zischt beim Öffnen mehr als eine kalte, weil warmes Wasser weniger CO_2 aufnehmen kann und das zuvor in ihm gelöste CO_2 freisetzt. Ein Liter Wasser kann bei $0°C$ zum Beispiel 3,4 g CO_2 aufnehmen, bei $20°C$ aber nur 1,7 g. Auch der Luftdruck wirkt sich aus. So kann sich bei einem Gasdruck von einem bar 1,8 Liter CO_2 in einem Liter Wasser lösen, bei fünf bar sind es etwa

200 bis 300 Gt
natürlicher Eintrag
von Kohlenstoff
im Jahr

7 bis 7,5 Gt
Eintrag von
Kohlenstoff
durch den
Menschen
im Jahr

*Verhältnis von natürlichem zum von Menschen gemachten Eintrag
von Kohlenstoff in die Luft*

8,65 Liter CO_2 pro Liter Wasser. Einen ähnlichen Einfluss auf das Lösungsverhalten von CO_2 übt die Veränderung des Salzgehalts des Meerwassers aus.

Doch in erster Linie spielt die Wassertemperatur eine Rolle. Bei jeder Erwärmung der Gewässer löst sich CO_2 aus dem Wasser und tritt in die Atmosphäre über. Das ist der Grund, weshalb in der bisherigen Geschichte die Erwärmung der Zunahme von CO_2 in der Atmosphäre jeweils um rund 800 Jahre vorausgegangen war. Erst nach einer Klimaerwärmung stieg bei den großen Klimaschwankungen der Vergangenheit der CO_2-Gehalt der Atmosphäre allmählich an. Das ist vielfach festgestellt worden. Am bekanntesten sind hierzu die Arbeiten von Ulrich Berner und Hansjörg Streif von der Bundesanstalt für Geowissenschaften und Rohstoffe in Hannover.[49] Was aber in einem Prozess zeitlich folgt, kann nicht die Ursache, sondern sollte eher eine Folge sein.

Bei der Geschwindigkeit des Übergangs spielt die Oberfläche der Gewässer eine Rolle. 71% der Erde sind durchschnittlich 3800 m tief mit Wasser bedeckt. Da kommt einiges an CO_2 zusammen, wenn sich Wasser erwärmt. Dabei ist zu bedenken, dass in den Gewässern der Erdoberfläche mehr als 50 mal so viel CO_2 gespeichert ist als in der Atmosphäre.

Doch löst sich CO_2 nur relativ langsam aus dem kaum erwärmten Wasser. Das ist der Grund, weshalb der CO_2 Gehalt der Atmosphäre einer deutlichen Klimaerwärmung zeitlich immer erst in relativ großen zeitlichen Abständen gefolgt war. Deutliche CO_2-Schwankungen, wie sie zurzeit gemessen werden, lassen sich nach der vorherrschenden Meinung damit kaum oder nur unzureichend erklären.

Doch gibt es auch für kurzfristigere CO_2-Schwankungen einen Wassermechanismus, der bisher geflissentlich übersehen wurde. Wasseroberflächen gibt es auf der Erde nicht nur bei Meeren, Seen und Flüssen, sondern auch in Form von Wolken so weit sie wie der Nebel, aus kleinen Wassertröpfchen bestehen. Dieses Verdunstungswasser dürfte weitgehend CO_2-arm sein. Die Oberflächen der Wassertröpfchen in den Wolken ergeben für den Gasaustausch nach vorsichtigen Schätzungen eine Fläche, die um das 275 000-fache größer ist als die der Gewässer am Boden. Errechnet man die theoretische CO_2-Aufnahmefähigkeit dieser Tröpfchen, dann kommt man pro Jahr auf 270 000 Gigatonnen CO_2, also das über 100-fache des ge-

Auch die Wassertröpfchen im Nebel und in den Wolken regeln den CO_2-Gehalt der Atmosphäre.

Vulkane mit Lava-Fontänen. Beim 4170 m hohen Vulkan Mauna Loa auf Hawaii bilden die Lava-Fontänen einen Feuervorhang von etwa 30–50 Meter Länge in 3800 m Höhe am Nordost-Grad des Vulkans. Auf diesem Berg befindet sich die maßgebliche Messstation für den CO_2-Gehalt der Atmosphäre.

samten CO_2-Gehalts der Atmosphäre. Man sieht, die Annahme der Klimaskeptiker, dass die Gewässer den CO_2-Gehalt der Atmosphäre stark beeinflussen, ist anders „aus der Luft gegriffen" als Klimaschützer das verächtlich meinen.

Der Ätna auf Sizilien stößt täglich 40 000 t CO_2 aus. Der aktive Vulkan Mauna Loa in Hawaii, auf dessen Lavafeld David Keeling die Standard CO_2-Meßstation des IPCC betreibt, steht dem Ätna, was den CO_2-Austoß anbelangt, in nichts nach. Weltweit kennt man 1900 zurzeit tätige Vulkane. Sie befinden sich vorwiegend an den Nahtstellen der großen Kontinentalplatten. Sehr viele Vulkane sind auch in der Tiefsee aktiv. Wie viel CO_2 diese Vulkane ausstoßen, lässt sich nur sehr grob schätzen. Die Angaben fallen daher je nach Wunsch und Methode recht unterschiedlich aus. Jedenfalls ist es sehr viel CO_2. Die Erdatmosphäre bestünde wie die des Mars

Ätna auf Sizilien

und der Venus wohl auch zu 90% aus CO_2, gäbe es da nicht noch andere Prozesse.

Ein Gasausbruch des Nyos-Sees in Kamerun machte auf eine andere CO_2-Quelle aufmerksam. Am 21.8.1986

sind 1800 Menschen und ihr Vieh erstickt, als aus dem See plötzlich 1,6 Mio. t CO_2 ausgebrochen und in ein nahe gelegenes Tal geflossen waren (CO_2 ist rund 1,5 Mal so schwer wie Luft). Als Seen mit ähnlich hohen

See Nyos in Kamerun

CO_2 Reserven gelten in Afrika der See Manoun (etwa 200 km weiter im Norden) und der Kiwu See in Ruanda. Magmakammern unter dem Seen-Gebiet sind vermutlich die Quelle des CO_2, das durch den Seeboden nach oben steigt. Derartige CO_2-Quellen gibt es überall auf der Welt. CO_2 tritt an vielen Stellen der Erdoberfläche aus dem Boden aus, wenn es nicht durch besondere Deckschichten daran gehindert wird.

Darauf, dass an vielen Stellen auf ähnliche Weise auch Methan (Erdgas) langsam aus dem Erdboden sickert, deutet seit einigen Jahren die Diskussion über Gashydrate hin. Gashydrate sind bei relativ hohem Druck und tiefer Temperatur in eine Art Wassereis eingeschlossene Methanmoleküle. Man schätzt den Kohlenstoffgehalt der in Permafrostböden und an den Kontinentalsockeln im Meer entdeckten Methanhydrate auf mehrere 1000 Gt Kohlenstoff. Gelangt Methan langsam und allmählich in die Atmosphäre, dann wandelt es sich in relativ kurzer Zeit auch ohne Flammen zu CO_2, wobei seine chemische Energie zusätzlich als Wärme in die Atmosphäre abgegeben wird (Abb. rechts).

Wo bleibt nun all das CO_2? Zunächst sind da die Pflanzen, die CO_2 so benötigen, wie die Tiere und

Bäume produzieren O_2 und binden in ihrem Holz das C des CO_2.

Menschen die von ihnen erzeugten Kohlehydrate. Die Pflanzen auf dem Land und an der Meeresoberfläche stellen diese in einem hochkomplizierten Photosynthese-Verfahren mit Hilfe von Photonen der Sonnenenergie her. Aus 6 CO_2 + 12 H_2O Molekülen wird z. B. Glukose $C_6H_{12}O_6$. Dabei werden pro Reaktion 6 O_2 Moleküle frei, die den Sauerstoffgehalt der Atmosphäre wieder auffüllen.

Um welche Mengen es sich dabei handelt soll an einem einzelnen Baum veranschaulicht werden. Ein ausgewachsener Laubbaum besitzt durchschnittlich 200 000 Blätter mit einer Blattoberfläche von 1200 m², darin

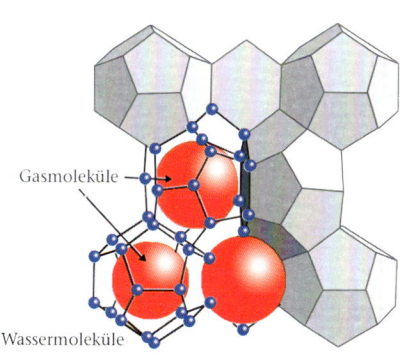

Gasmoleküle

Wassermoleküle

Struktur des Methanhydrats[50]

wirken 10^{14} Chloroplasten (die für die Photosynthese zuständig sind). Sie ergeben rund 180 g Chlorophyll. An einem durchschnittlichen Tag nimmt der Baum rund 9400 Liter CO_2 auf und regeneriert dadurch 45 000 Liter Luft. Das entspricht dem Atembedarf von 10 bis 15 Menschen. Der Baum erzeugt dabei etwa 12 kg Kohlehydrat in Form von Holz.[51] Der jährliche Zuwachs an Pflanzensubstanz der Landpflanzen wird auf 13 bis 22 Gt geschätzt. Der Zuwachs an Meerespflanzen ist kaum zu schätzen. Dadurch wäre der CO_2-Vorrat in der Atmosphäre bald erschöpft, wenn nicht ständig CO_2-Quellen sprudeln würden.[52]

An Land verrotten die Pflanzen und geben bei ihrer Zersetzung das aufgenommene CO_2 mit der Zeit wieder ab. Auch in jedem Meerwassertropfen leben einige tausend Kleinlebewesen (Bakterien und Algen), die von der Photosynthese leben und CO_2 verbrauchen. Wenn sie absterben, sinken sie, soweit sie nicht gefressen werden, auf den tiefen Meeresboden hinunter, wo es keinen ungebundenen Sauerstoff mehr gibt. Sie können daher – im Unterschied zu Landpflanzen – nicht beim Verrotten wieder CO_2 an die Luft abgeben. Sie bilden einen kohlenwasserstoffhaltigen Faulschlamm, der möglicherweise später wieder als Erdöl oder Methan auftreten kann.

Die „grünen Lungen" der Erde produzieren pro Jahr ca. 100 x 109 Tonnen O_2.

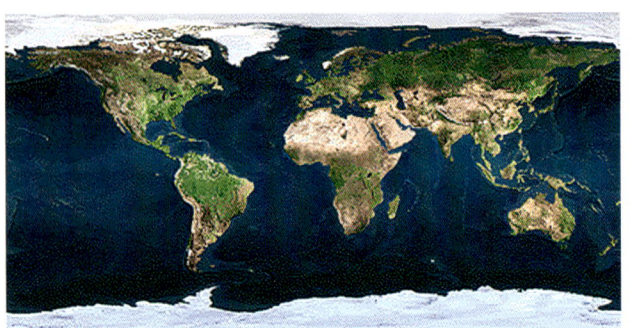

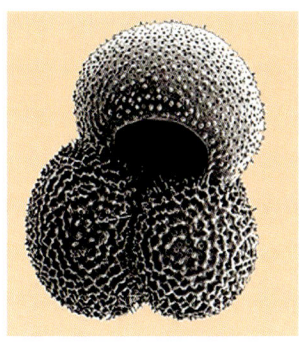

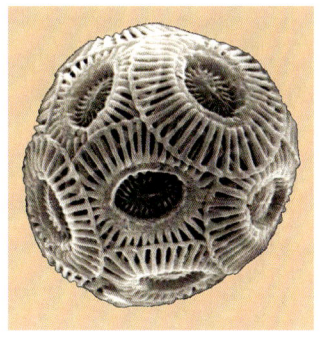

Eine der unzähligen Foraminiferenarten

Eine der unzähligen Coccolithophoridenarten[53]

Eine wichtige Rolle spielen andere Meereslebewesen, zum Beispiel die sogenannten Foraminiferen (Abb. oben links), die Coccolithophoriden (Kalkplättchenträger) (Abb. oben rechts) und ähnliche Lebewesen. Sie verarbeiten das Kohlendioxid neben den Kohlehydraten ihres Körpers noch zu Kalziumkarbonat, also zu Kalkstein. Sie nehmen dazu das benötigte CO_2 aus dem Meerwasser und verbinden es mit dem dort ebenfalls reichlich vorhandenen Kalzium zu $CaCO_3$. Aus ihren winzigen Gehäusen, die sich am Meeresboden ablagern, sind mit der Zeit unsere gewaltigen Kalkgebirge entstanden. Diese Lebewesen haben einen ungeheuren Appetit auf CO_2, so dass sie die Atmosphäre binnen kürzester Zeit CO_2 frei machen würden.

An dem CO_2 Molekül selbst gibt es kein besonderes Merkmal, an dem sich zeigen würde, ob es vom Menschen oder anderswo herstammt. Allerdings erlaubt die Häufigkeit, in der beim CO_2 das Kohlenstoff-Isotop C-14 anzutreffen ist, gewisse Rückschlüsse auf seine Herkunft. Nun hat man inzwischen herausgefunden, dass frische Kalkablagerungen genau das gleiche C-14 Signal aufweisen, wie das Atmosphären-CO_2. Die Kleinstlebewesen nehmen also das atmosphärische CO_2 auf und nicht, wie noch Dr. Kai Schulz vom IFM Geomar in Kiel in seiner Dissertation von 2006 behauptet, eines, das aus dem Bicarbonat der Gesteinsverwitterung entstanden ist. Experten gehen aufgrund von Schätzungen von einem ozeanischen Senkenfluss von jährlich 3-4 Gt Kohlenstoff aus.

Die Mikroorganismen vermehren sich und bauen die ihnen zugänglichen CO_2-Bestände so rasch ab, dass davon immer nur ein Minimum vorhanden ist. Der durchschnittliche CO_2-Gehalt der Atmosphäre von 0,03 Volumenprozent entspricht somit der „Liebigschen Mangelkomponente". Das heißt, die CO_2-Konzentration wird durch den Rückkopplungsprozess der Foraminiferen und anderer Kalkbildner auf einem Mindestwert gehalten. Wird der Wert überschritten, vermehren sich die Lebewesen und bauen ihn rasch ab, sinkt der CO_2-Wert, stirbt ein großer Teil von ihnen wieder ab. Auf diesen Regelkreis hat der Bonner Professor Dr.-Ing. Bert Küppers wiederholt mit recht genauen Berechnungen hingewiesen.[54] Doch wurde dies in der Klimadiskussion bisher kaum berücksichtigt.

Auch unsere Pflanzen hätten gerne mehr CO_2 in der Luft, denn damals, als ihre Prototypen entstanden sind, enthielt die Erdatmosphäre über zehn Mal so viel CO_2 als heute. Deshalb düngen gewerbliche Großgärtnereien ihre Glashäuser mit CO_2. Die Pflanzen brauchen in einer Atmosphäre mit doppeltem CO_2-Gehalt weniger Wasser, leben gesünder, und sind vor allem resistenter gegen Schädlinge und Krankheiten. Sie bringen dazu noch in kürzerer Wachstumszeit wesentlich höhere Erträge.[55]

Den Angaben Küppers scheinen die überall herumgezeigten, stetigen Anstiegskurven des CO_2 in der Atmosphäre zu widersprechen. Doch deutet vieles darauf hin, dass es bei der Erstellung dieser „beängstigenden" Kurve auch nicht mit rechten Dingen zugegangen ist. Der CO_2-Anteil in der Luft sei – heißt es – von durchgängig 290 ppm in der industriellen Zeit auf heute 380 ppm dramatisch angestiegen. Der Diplom-Biologe Ernst Georg Beck aus Freiburg hat das an Hand von Messreihen aus älterer Zeit überprüft. Dabei stieß er auf

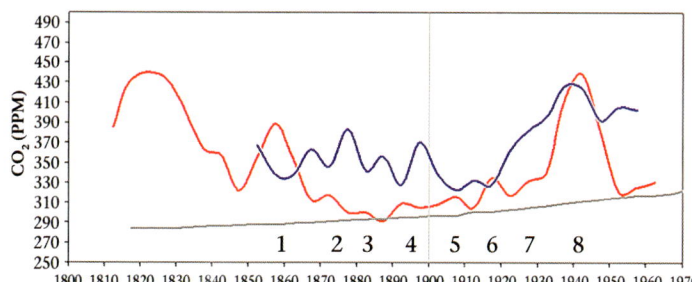

CO₂-Gehalt der Atmosphäre und Temperaturverlauf zwischen 1812 und 1961

Die rote Kurve zeigt frühere Messergebnisse des CO_2-Gehalts der Atmosphäre nach unterschiedlichen Verfahren (nach E. G. Beck), die blaue den Temperaturverlauf (nach HadCRUT3 2006). Die graue Line rekonstruiert frühere CO_2-Gehalte aufgrund von Analysen der Einschlüsse in Eisbohrkernen und ab 1958 aufgrund der geglätteten Ergebnisse der Messstation auf dem Mauna Loa.

erstaunliche Dinge. Beck war auf rund 90 000 Messungen in 380 Veröffentlichungen zwischen 1812 und 1961 gestoßen. Sie stammten von den damaligen Koryphäen auf dem neuen Gebiet atmosphärischer CO_2-Messungen. Von diesen Messungen haben die heute maßgebenden CO_2-Experten (die Professoren Callendar und Keeling) nur 3 Arbeiten (1 %) als präzise genug anerkannt, weil diese ihnen die gewünschten Zahlen lieferten. Geht man von den früheren Messungen aus, ergibt sich für die Zeit vor der industriellen Revolution ein anderes Bild (Abb. oben).

Die Messungen der besten Forscher ihrer Zeit zeigen Höchstwerte von über 400 ppm um 1820, dazwischen fielen die Werte auf rund 300 ppm ab und stiegen um 1940 wieder auf über 400 ppm an.[56] Gegen die früheren Messungen wurde wenig überzeugend eingewandt, dass sie die nächtliche Inversionslage und verschiedene andere Schwankungen des CO_2-Gehalts in Bodennähe nicht berücksichtigen, während moderne Messungen das täten und daher den CO_2-Gehalt in Türmen hoch über dem Boden messen würden.[57] Hierbei wird wiederum die bereits erwähnte Auswaschung von CO_2 durch Nebel- und Wolkentröpfchen übergangen.

Zur Rekonstruktion früherer CO_2-Werte werden Eisbohrkerne herangezogen, obwohl man seit den 1930er Jahren weiß, dass CO_2 im Eis wandert und Eisbohrkerne daher keine verlässlichen Daten über den CO_2-Gehalt der Atmosphäre zur Zeit der Eisbildung liefern.[58] Darauf hatten unter vielen anderen Professor Hans Eberhard Heyke[59] und Zbigniew Jaworowski[60] in zahlreichen Papieren noch einmal hingewiesen. Diesen Hinweisen ist man nicht nachgegangen. Doch kürzlich hat Brooks Hurd bemerkt, dass der Knudsen Diffusionseffekt zusammen mit der Diffusion nach innen bewirkt, dass das CO_2 in Eisbohrkernen sich wegen der drastischen Änderungen des Drucks verflüchtigt, sich dadurch die CO_2-Schwankungsbreiten verringern und die Maxima abbauen.[61]

Man konnte bisher nicht experimentell nachweisen, dass die Aufzeichnungen in Eisbohrkernen die ursprüngliche Zusammensetzung der Atmosphäre zuverlässig wiedergeben. Mit Hilfe anderer Proxy-Werte (z. B. Anzahl der Spaltöffnungen an Laubblättern, die Rückschlüsse auf den CO_2-Gehalt erlauben) hatte man herausgefunden, dass zu verschiedenen Zeiten früher in der Atmosphäre CO_2-Gehalte von 377, 450 und höher vorgekommen waren[62], und es hatte sich gezeigt, dass diese Gehalte während der letzten 10 000 Jahre in der Regel höher als 300 ppm lagen und bis zu 348 ppm angestiegen waren.[63] Die Ergebnisse dieser und anderer Studien beweisen, dass die Behauptung falsch ist, die CO_2-Konzentrationen seien im Holozän bis zur Industriellen Revolution zwischen 270 ppm und 280 ppm weitgehend gleich geblieben.

Schuld an der Zunahme des CO_2 in der Atmosphäre braucht also durchaus nicht der Mensch zu sein, wenn er sogenannte fossile Brennstoffe verbrennt. Im Grunde ist der üblicherweise angegebene Kohlenstoffkreislauf der Erde äußerst unklar. Das gilt auch für den Anteil von um die 3 %, den der Mensch insgesamt daran haben soll.

KLIMAMODELLE

Im Grunde beruht das CO_2-Klimadogma auf Berechnungen hochkomplexer Computermodelle. Von diesen Modellen heißt es, sie seien auch an vergangenen Klimaänderungen getestet worden und hätten ihre Bewährungsprobe bestanden, es gäbe keinen Grund, den Modellen zu misstrauen. Allerdings gibt es zwischen den Rechenergebnissen verschiedener Modelle beträchtliche Abweichungen.

Ein jüngster Vergleich von 67 Temperaturtrends, die 22 ‚Climate of the 20th Century'-Modell-Simulationen mit den besten verfügbaren Satelliten-Messungen erstellt hatten, kam zu folgender Schlussfolgerung. *„Die Modellergebnisse und beobachteten Temperaturtrends für die Troposphäre der Tropen stimmen in den meisten Fällen nicht überein. Die Unterschiede belaufen sich um mehr als das Doppelte der Unsicherheitsangaben der Modelle. In rund 5 km hohen Luftschichten liegen die Trends der Modelle um 100 bis 300% höher als die gemessenen und über 8 km Höhe scheinen die aus Modellen ermittelten und die beobachteten Trends umgekehrte Vorzeichen zu haben. Diese Folgerungen unterscheiden sich stark von jüngsten Publikationen, die sich im Wesentlichen auf die gleichen Daten berufen haben."*

Nun können die wenigsten Klimatologen und schon gar nicht der Laie in die Computerprogramme hineinsehen. In Kreisen derer, die an solchen Modellen arbeiten, wird durchaus zugegeben, dass ständig „Flusskorrekturen" nötig sind, damit die Rechendurchgänge nicht in absurde Ergebnisse entgleiten. Den gesamten Vorgang nennt man „Parametrisierung". Amerikanische Experten sprechen in diesem Zusammenhang offen und gerne von Fudge Factors, „Mogelfaktoren". Unter Parametrisierungen versteht man in das Rechenprogramm der Computer eingebaute quantifizierte Annahmen über Auswirkungen von Naturvorgängen, die für das

Klima wichtig, aber physikalisch noch nicht verstanden sind. Man fühlt sich an eine Redensart unter Programmierern erinnert: „Gibst Du Müll rein, kommt Müll heraus."

Nicht verstanden und daher nicht quantifizierbar sind nach dem Buch von William Kininmonth aus dem Jahr 2004[64] die Ozeanzirkulation, die für den Wärmehaushalt der Erde entscheidend ist, die Zirkulation der Atmosphäre, insbesondere die Wanderung der Hadley-Zellen und der polaren Hochdruckgebiete, der Einfluss von Bodenfeuchtigkeit, Wolken und Wind auf das Klima, sowie der vertikale Energietransport durch die Atmosphäre. Was, fragt man sich, ist denn nun eigentlich am Klimageschehen verstanden? Professor Kininmonth blickt auf eine 40-jährige Geschichte als Meteorologe zurück. Er stand von 1986 bis 1998 dem australischen National Climate Centre vor und hatte die Regierung in Klimafragen zu beraten. Er vertrat Australien bei der Meteorologischen Weltorganisation WMO und bis 1992 beim IPCC, dem Weltklimarat der UNO. Er sollte die Grenzen der Klimatologie kennen.

An den Eingaben, die solchen unverstandenen Zusammenhängen entsprechen sollten, wird in den Computermodellen solange herumprobiert, bis das Rechnerprogramm „brauchbare Ergebnisse" liefert. Selbst im jüngsten Bericht des IPCC steht auf Seite 774 wörtlich: *„In climate research and modelling, we should recognise that we are dealing with a coupled non-linear chaotic system, and therefore that the long-term prediction of future climate states is not possible".* Das heißt auf Deutsch: Das Klima ist ein schwer zu modellierendes chaotisches System, und die langfristige Vorhersage möglicher Klimazustände ist nicht möglich. Ja, was denn nun?! Das gesteht selbst die Glaubenskongregation der Klimareligion ein. Allerdings findet man so etwas nicht in der Zusammenfassung für kurzatmige „Policy Maker" und Journalisten und das ihnen hörige Publikum.

Und trotzdem findet man selbst dort noch ein Eingeständnis dieser Unsicherheit. Alle katastrophalen Aussagen des Weltklimarates und der damit befassten
obersten Bürokratie erfolgen im Konjunktiv: Alles
„könnte" so sein. Der Indikativ, nämlich „dass es so
ist", findet sich erst in den Mitteilungen an die Kund-
schaft und das Wahlvolk.

langwellige Ausstrahlung > kurzwellige Einstrahlung

negative Strahlungsbilanz
Wärmetransport

kurzwellige Einstrahlung > langwellige Ausstrahlung

positive Strahlungsbilanz

Schematische Darstellung der Strahlenbilanz der Erde
(Umzeichnung aus: Bayerische Akademie der Wissenschaften, Rund-
gespräche der Kommission für Ökologie, Nr. 28: Klimawandel im
20. und 21. Jahrhundert, München 2005)

MOTIVE FÜR DIE KLIMA-HYSTERIE

Die Wissenschaft

Die Weltautorität, die in der Öffentlichkeit so vehement für eine Minderung des CO_2-Ausstoßes durch Industrie, Verkehr und Heizung eintritt, gibt also zu, dass das Klimasystem bisher nicht verstanden und daher auch nicht in Rechenmodelle zu fassen ist. Damit hat sie selbst ihren Rechenmodellen die Grundlage aberkannt. Diese liefern bisher aber die einzige Begründung für die Behauptung, der Mensch sei für die Klimaerwärmung verantwortlich und könne sie durch Verhaltensänderungen, insbesondere durch Energie- oder CO_2-Einsparungen verhindern. Soweit sich die Klimaänderungen messen lassen, bewegen sie sich im Rahmen der bisher erlebten natürlichen Klimaschwankungen. Es gibt – von unerheblichen Minimalwerten abgesehen – keine empirischen und theoretischen Beweise für eine gewichtige Klimawirksamkeit des CO_2. Wie konnte es bei einer solchen Sachlage zu der allgemein verbreiteten Angst vor einer Klimaerwärmung kommen, zumal wir in der langen Geschichte der Menschheit wohl die ersten sind, die eine Klimaerwärmung als Bedrohung auffassen? Alle Generationen vor uns haben Klimaerwärmungen als „Klimaoptima" begrüßt. Und viele Menschen tun das heute noch, wenn sie im Urlaub in den wärmeren Süden fahren.

Dafür, dass an der geforderten Klimapolitik trotz ihrer enormen Kosten nicht mehr und öffentlichkeitswirksamer Kritik geäußert wird, lassen sich vielerlei Gründe anführen. Einer liegt im Konsens-Verhalten der vielen öffentlich oder sonst wie angestellten Berufswissenschaftler. Ihrem Herdenverhalten dient jeder noch so schwache Hinweis in Richtung auf den anerkannten Konsens sofort als Beweis, und ihr „wissenschaftliches" Bemühen richtet sich vor allem darauf, alles, was den

Konsens in Frage stellen könnte, wegzurationalisieren. Dabei spielt ein gekonntes Missverstehen der Einwände der „Skeptiker" eine nicht unerhebliche Rolle. Ein solches Verhalten ist antiwissenschaftlich, aber unter Wissenschaftlern weiter verbreitet, als man gemeinhin glauben möchte. Verstärkt wird es durch Sanktionen einer interessierten, zahlungsfähigen Öffentlichkeit. Wissenschaftler, die den vorgegebenen Konsens unterstützen, können mit Anerkennung in der Öffentlichkeit, Preisen, Beförderungen etc. rechnen. Skeptiker setzen sich Anfeindungen und Benachteiligungen aus, im Extremfall verlieren sie ihren Job, z. B. der Chefklimatologe von Virginia State Dr. Pat Michaels[64a].

Ist es nicht seltsam, dass „Skeptiker" dort, wo wissenschaftlich nach den Ursachen der Klimaveränderungen gesucht werden soll, zu einer Art Schimpfwort geworden ist, das nur noch durch „Leugner" überboten wird? Sollten nicht alle Wissenschaftler „Skeptiker" sein, wenn sie zu verstehen versuchen, was Klimaänderung bewirkt? Wie oft war in der Geschichte der Wissenschaft die felsenfeste Annahme von heute, schon morgen der fatale Irrtum früherer Generationen.

Natürlich haben menschliche Aktivitäten, die Bodennutzung, die Abwärme ihrer Industrieanlagen, ihrer Wohnungen und Verkehrsmittel, ihre Abgase auch einen Einfluss auf das Klima. Nach der Chaos-Theorie, soll bereits der Schlag eines Schmetterlings große Veränderungen auslösen können. Der Streit dreht sich um das Ausmaß dieser Einwirkung und darum, ob die Suche nach der Ursache zu Recht auf den Einfluss des CO_2, das „Gas des Lebens", aus dem unsere Körper und die aller Lebensgeschöpfe gebildet werden[65], einzuengen ist. Im Grunde dreht sich die Auseinandersetzung gar nicht um CO_2 an sich, sondern letztlich um Gesellschaftspolitik, um die Rolle des Menschen, seiner erwünschten Anzahl[66] und seiner Technik in den sich ankündigenden globalen Wandlungs- und Veränderungsprozessen. Entscheidungen darüber lassen sich, ohne dass es die Masse der

Menschen merkt, in der Rolle, die das CO_2 spielen soll, unterbringen. Dabei spielt das gesellschaftliche Klima, Politik und Wirtschaft eine wichtigere Rolle als die Witterung der Zukunft.

Natürlich sollte Energie gespart werden, sind gesellschaftliche Veränderungen unabdingbar. Im Leben auf der Erde konnte bisher noch nie etwas einfach so weiterlaufen wie bisher. Das galt schon für das Leben vor der Existenz des Menschen, in der bekanntlich schon die Evolution eine bedeutende Rolle gespielt hat. Die entscheidende Frage ist jeweils nur, wo haben Veränderungen anzusetzen?

Wesentliche Veränderungen sind immer mit Angst verbunden. Aus ihr speist sich die Furcht der Klimatologen, man könnte durch skeptisches Infragestellen des herrschenden CO_2-Dogmas möglicherweise Extremisten das Feld überlassen und die Kontrolle verlieren. Angst führt zu Herdenverhalten. Sie provoziert Unehrlichkeit, aus Furcht, aus dem Rahmen zu fallen – und dies ist extrem antiwissenschaftlich. Im Extrem haben solche Entwicklungen in der früheren Geschichte, wenn das Überleben einer Gesellschaftsformation auf dem Spiel stand, zu Kreuzigungen, Scheiterhaufen, Guillotine und Genickschuss für „Skeptiker" und „Leugner" geführt.

Die Öl-Industrie

Eine der üblichen Anfeindungen gegen sogenannte „Klima-Leugner" lautet sinngemäß, die Betreffenden würden dafür „von den Öl-Multis bezahlt". Ein solches Motiv überzeugt nur die Öffentlichkeit, die vorschnell nach dem „cui bono", wer hat einen Nutzen davon, schließt. Sie erkennt nicht, dass hierbei offensichtlich von der eigenen Motivationslage auf die anderer Leute geschlossen wird. Nur wer selbst seine Meinung nach der „Bezahlung" oder Belohnung durch andere ausrichtet, fällt ohne weitere Beweise auf eine solche ehrenrührige Behauptung herein.

Warum sollte ausgerechnet die Öl-Industrie Leute finanzieren, die sich gegen den CO_2-Klimakonsens stemmen? Das Argument lautet, weil sie mehr Öl verkaufen will, der Klima-Konsens dem aber entgegensteht. Aber wer sagt denn, dass die Öl-Industrie mehr Öl verkaufen will? Sie will am geförderten Öl mehr verdienen. Das kann sie marktgerecht am besten, wenn sie das Öl-Angebot drosselt und es sich dafür wesentlich

Die spekulative Entwicklung des Rohölpreises in den letzten Jahren.[67]

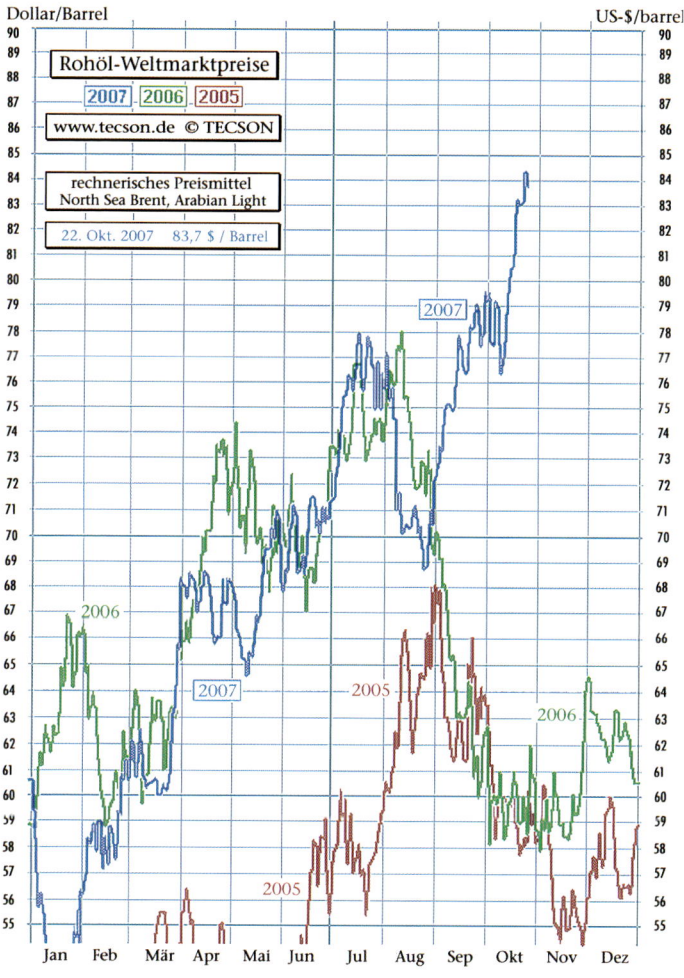

teurer bezahlen lässt. Bei dem hohen Konzentrations-grad der westlichen Öl-Industrie ist ihr das ohne viel Aufhebens auch möglich.

Ein solches Marktverhalten verlangt allerdings bei so wichtigen Versorgungsgütern wie Öl, Kohle und Gas, die für die Existenz jedes Einzelnen bestimmend sind, eine Rechtfertigung vor der Öffentlichkeit. Genau die liefert der CO_2-Klimakonsens. Die Öl-Industrie würde also, wenn sie schon jemanden finanziert, aus Markt-gesichtspunkten Vertreter des CO_2-Klimakonsenses finanzieren. Tatsächlich haben in den USA die großen Stiftungen und Konzerne, allen voran die Atlantic Richfield Foundation von der Öl-Industrie, daneben die bekannten Stiftungen wie Ford, Rockefeller etc. die Grüne Bewegung finanziert.[68] In Deutschland herrscht in Spendenfragen eine geringere Veröffentlichungs-pflicht als in den USA, so dass man die Spender nicht so leicht ausfindig macht. Hier geschah die nach-weisbare Hauptförderung dem Eingeständnis des früheren Staatssekretärs im Bundes-Innenministerium Dr. Günter Hartkopf entsprechend in erster Linie durch die „höhere Beamtenschaft".[69]

Über solche Hinweise huschen einige der Katas-trophenverfechter mit dem Argument hinweg. *„Wie dem auch sei, die fossilen Brennstoffe sind begrenzt. Wenn der Klima-Konsens hilft, Rohstoffe zu sparen, dann ist das richtig, auch wenn die Begründung nicht stimmen mag."* Rechtfertigt eine angeblich gute Intention ein schlechtes Verhalten, den Klima-Terrorismus oder die verlogene Preistreiberei? Fast alle Betreiber von Scheiterhaufen, Guillotinen und Genickschusskom-mandos hatten ähnliche, früher einmal „gute" Gründe. Abgesehen davon hinkt auch dieses Argument.

Sicherlich ist die Menge der auf der Erde verfügbaren Kohlenwasserstoffe begrenzt und sind sie – aus meiner subjektiven Sicht – zu schade und für andere Ver-wendungszwecke zu wichtig, um sie zur Wärme-gewinnung zu verbrennen, wenn es stattdessen andere, effizientere Energiequellen gibt. Auch spielt das Argument auf zwei weitere weit verbreitete, aber falsche Hypothesen an. Der Sorge über künftige Energieknappheit, die den Klima-Konsens rechtfertigen soll, liegt als erstes eine falsche Hypothese über die Herkunft von Öl und Gas zugrunde, als zweites eine falsche Sicht der tatsächlichen „Knappheit" dieser Ressourcen.

Fossile Energierohstoffe sind nicht nur fossil

Das falsche Verständnis zeigt sich an der problematischen Bezeichnung „fossiler Brennstoff". Erdöl und weitgehend selbst Kohle und Erdgas sind nicht (nur) fossilen Ursprungs, das heißt, sie rühren nicht (nur), wie die weitgehend noch vorherrschende Meinung behauptet, von biologischen Kohlehydraten (Pflanzen- und Tierkadavern) her. Um den Ausgangsstoff für das Erdöl bereitzustellen, das zum Beispiel in dem großen Ghawar-Ölfeld Saudi-Arabiens bereits gefördert wurde, hätten an dieser Stelle Dinosaurierkadaver in einer Menge vorgelegen haben müssen, die dicht gepresst, einen Würfel mit 30 km Kantenlänge ausfüllen würde. Diese Menge hat es dort und in der näheren Umgebung niemals gegeben.

Kohlenwasserstoffe sind vielmehr weitgehend kosmische Brennstoffe, sie sind vor allem „a-biotischen" Ursprungs. So hat man z. B. in großen Mengen flüssiges Methan auf dem Saturntrabanten Titan und auf ähnlichen Himmelskörpern entdeckt. Bei den dort herrschenden Temperaturen von durchschnittlich -180°C konnte kaum die dafür erforderliche Menge lebender Substanz zusammengekommen sein. Kohlenwasserstoffe dürften zu dem Material gehört haben, aus dem sich vor Milliarden Jahren die Erde zusammengeballt hat. Sie gasen seitdem aus dem Erdinneren durch Gesteinsporen und Zerklüftungen aus und sammeln sich unter undurchlässigen Erdschichten an. [70]

Aufgrund dieser Erkenntnis war es russischen und ukrainischen Wissenschaftlern um Professor V. A. Krajuschkin möglich, Öl-Vorkommen selbst unter Urgesteinsschichten zu entdecken. Erdgas entsteht, wie Professor Wladimir B. Porfirjew schon 1956 nachweisen konnte, bei hohen Temperaturen unter hohem Druck im Erdinneren.[71] Die Russen bohrten aufgrund ihrer inzwischen verfeinerten „a-biotischen" Öl-Theorie im kristallinen Urgestein, stießen dort auf elf größere und ein gigantisches Ölfeld. In den 1980er Jahren bohrte das russische Unternehmen Petrosow (inzwischen Vietsovpetro) vor der Küste Vietnams in Basaltfelsen über 5000 Meter tief und erschloss das Ölfeld Bach Ho (,Weißer Tiger'), mit bis zu 380 000 Fass Tagesförderung. Später folgten dort noch die Ölfelder ,Schwarzer Löwe' und ,Schwarzer Bär', um die energiehungrige aufstrebende Wirtschaft Vietnams mit Öl zu versorgen.

Beim Ausgasen durch den Erdmantel scheint der Wasserstoff-Bestandteil des Methans von Mikroben reduziert zu werden, so dass sich daraus Erdöl und schließlich sogar Anthrazit bildet. Das ist inzwischen keine Theorie mehr. Einer Forschergruppe um Henry Scott an der Universität Indiana in South Bend ist es gelungen, aus a-biotischem Material Methan zu erzeugen.[72] Wenn das so ist, lässt sich, wie Russen und Ukrainer mit ihren Bohrungen bewiesen haben, an Stellen Erdöl finden, an denen man bisher im Westen noch gar nicht gesucht hat.

Kein „Peak Oil" in nächster Zukunft

Das lässt Rückschlüsse auf die These zu, die Ölvorräte der Erde würden schon bald zur Neige gehen und der sogenannte Peak Oil (Förderhöhepunkt) werde jetzt oder demnächst überschritten.

Die These war in letzter Zeit, ähnlich wie nach der Dollarkrise Ende der 60er Jahre, wieder aufgetaucht. Damals hatte eine Ölpreisanhebung um 400 % im Zu-

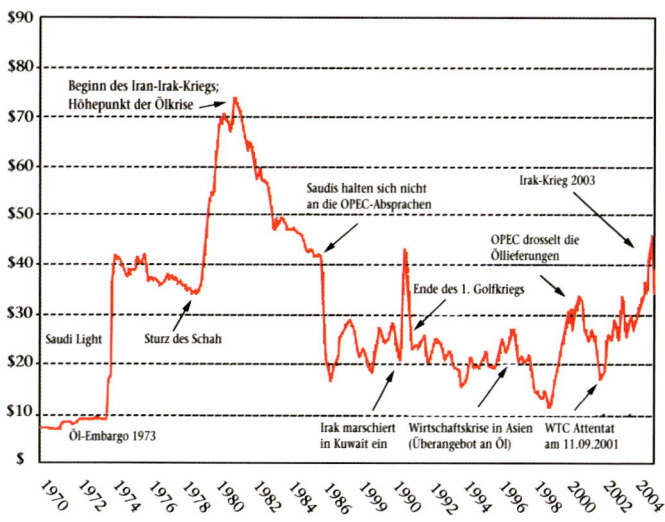

Ölpreisentwicklung 1970 bis 2004 im Zusammenhang mit politischen Ereignissen

sammenhang mit dem inszenierten Yom Kippur Krieg und die ausschließliche Bindung des Ölpreises an den Dollar, den freien Fall des Dollars nach dem Ende seiner Golddeckung (im August 1971) aufgehalten. Heute fällt der Dollar wieder. Doch deshalb muss sich die Politik nicht gleichen (Abb. oben).

1972, während der Dollarkrise, brachte der berüchtigte Club of Rome seine „Studie" von den „Grenzen des Wachstums" heraus, die schlagartig die Medienberichterstattung erfüllte. Der Club erwartete das Ende des Erdölzeitalters in 31 Jahren. Das angekündigte Ende der Ölvorräte wäre also um 2005, 10 Jahre nach dem Tod des „Deutschen Waldes" fällig gewesen.

Die Ölreserven haben sich inzwischen nicht erschöpft, sondern vermehrt. Eine wahre Ölschwemme ließ schon bald nach 1974 die Öl-Preise wieder einbrechen, wenn man sie nicht durch andere spekulative und militärische Maßnahmen immer wieder in die Höhe getrieben hätte. Darüber wurden die Kassandrarufe des Club of Rome vergessen und durch die neue Kampagne, den „Klimaschutz", ersetzt. Weil sich die Warnung vor einer Öl-Knappheit nicht aufrechterhalten ließ, wurde ein Verbrennungsprodukt des Öls, das CO_2, zum „Klimakiller" erklärt. Die Angst vor einer Klimakatastrophe hatte zusätzlich noch die absurde Versorgungsknappheit für immer mehr Weltbürger trotz der überwältigenden, technisch-industriellen Produktivitätssteigerung zu erklären. Die Verknappung sorgt dazu noch für derart überhöhte Preise, dass sich daraus die weltweiten Spekulationsorgien auf den Finanzmärkten finanzieren lassen – jedenfalls vorerst noch.

Nun kommt die angekündigte Klimakatastrophe – wie gezeigt – mehr und mehr in Bedrängnis, so dass man wieder zu dem alten Argument von der Knappheit der fossilen Rohstoffe Zuflucht zu nehmen scheint. Dieses Argument wirkt langfristig überzeugender als die Klima-Angst. Schließlich ist in dieser Welt alles nur in endlicher Menge vorhanden. Demnach sind auch die Kohlenwasserstoff-Vorkommen der Erde „endlich", auch wenn ihr Ende vorerst, dank ständig neu entdeckter Vorkommen noch nicht abzusehen ist.

Immer wieder traten „namhafte Wissenschaftler" mit der Warnung auf, der Peak of Oil sei überschritten, die Ölreserven seien um 80 % geringer, als von den Öl-Gesellschaften bisher behauptet wird, und Ähnliches. „Wir stehen vor einer sehr kritischen Situation weltweit", durfte z. B. Professor Kjell Alekett von der Universität Uppsala im US-Fernsehsender CNN am 2.10. 2003 dozieren. Wie er beurteilen zahlreiche andere die Situation.[73] Inzwischen haben die Peak-Oil-Vertreter sogar einen Verband (The Assotiation for Study of Peak Oil & Gas oder ASPO) gegründet (s. folgende Abb.).

Professor Alekett verwies im erwähnten CNN-Beitrag selbst auf den Zusammenhang, in dem die „Forschungen" dieser Leute zu sehen sind. Er sagte: *Die Klimaerwärmung wird niemals das angekündigte Untergangsszenario erreichen, weil die Öl-Vorkommen verbraucht sein werden, ehe der CO_2-Anteil in der Atmosphäre die*

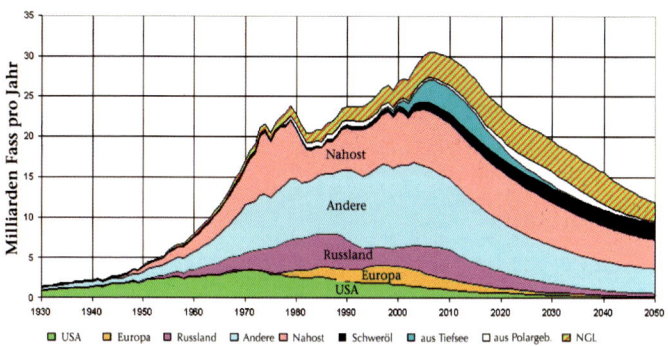

Rückgang der künftigen Fördermengen von Öl und Gas nach Meinung der ASPO

dafür nötige Größe erreicht hat", und ausdrücklich: *„Die Abnahme an Öl und Gas wird die Weltbevölkerung härter treffen als der Klimawandel."* Das heißt doch: Die Leser sollen, falls sie das Klimaargument nicht mehr überzeugt, trotzdem nicht in ihrer Zukunftsangst nachlassen.

Der erste, der Derartiges vorausgesagt hatte, war ein M. King Hubbert von Shell Oil Research in einem Aufsatz von 1949.[74] Er hatte damals schon den Wendepunkt der Ölförderung für das Jahr 1970 vorhergesagt. Dass er damit – soweit es die USA betraf – Recht hatte, lag aber nicht an den natürlichen Ölvorkommen der USA, die inzwischen beträchtlich zugenommen haben, sondern daran, dass die Regierung die Ölvorkommen in den USA aus strategischen Gründen als Reserve betrachtete und nicht weiter angreifen wollte. Für die übrige Welt stimmten Hubberts Ankündigungen auf der ganzen Linie nicht. In Libyen sollte der Wendepunkt der Ölproduktion wegen zu geringer Vorräte auch 1970 eingetreten sein, im Iran 1974, in Rumänien 1976, in Brunei 1979, in Russland 1987 und so weiter. Wie viel Öl tatsächlich in der Erdkruste verborgen ist, weiß bisher noch niemand so recht.

Lange vor Hubbert, nämlich 1933, hatte Erich Zimmermann diese Denkweise sehr einfach und grundlegend

Entwicklung der Rohölreserven

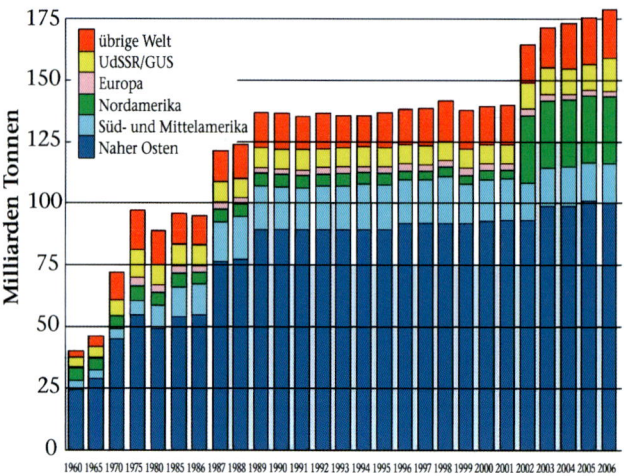

Trotz des ständigen Verbrauchs steigen die Rohölreserven weltweit an.[75]

widerlegt.[76] Es gibt keine natürlichen Rohstoffe, sagte er. *„Rohstoffe sind eine recht dynamische, funktionale Vorstellung. Es gibt sie nicht, sie werden. Rohstoffe ergeben sich aus dem dreieinigen Zusammenwirken von Natur, Mensch und Kultur. Die Natur setzt zwar Grenzen, aber der Mensch und seine Kultur sind weitgehend für den Anteil an der physikalischen Totalität verantwortlich, die dem Menschen verfügbar ist."* Kurz gesagt: „Wissen ist die Mutter aller Ressourcen". Nicht nur macht erst das Wissen um die Verwendbarkeit bestimmter Stoffe diese zu Rohstoffen, auch der Preis und die Technik des Zugriffs auf sie bestimmt, wie viel davon zur Verfügung stehen. Unsere finanz-orientierte Zeit verkürzt diese Einsicht auf den Preis: Die Höhe des Rohstoffpreises bestimmt den Umfang der durch Prospektion und Förderung verfügbaren Vorräte.

Von den Öl- und Gas-Reserven hieß es das ganze letzte Jahrhundert über immer, sie reichten etwa noch 40 oder 50 Jahre. So werden wir es wohl auch noch in diesem Jahrhundert zu hören bekommen. Die 40 bis 50 Jahre

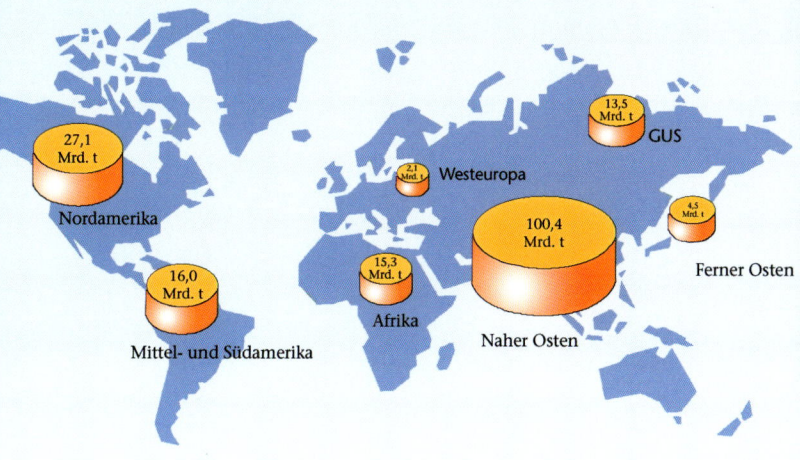

Geografische Verteilung der Weltölreserven 2006

13,5 Mrd. t — **GUS**

27,1 Mrd. t — **Nordamerika**

2,1 Mrd. t — **Westeuropa**

100,4 Mrd. t

16,0 Mrd. t — **Mittel- und Südamerika**

15,3 Mrd. t — **Afrika**

4,5 Mrd. t — **Ferner Osten**

Naher Osten

Verteilung der für förderwürdig gehaltenen Ölreserven.

beziehen sich nicht auf die tatsächlich vorhandenen Vorräte und deren Verbrauch, sondern nur auf die Vorräte, die man vorsorglich erkundet hatte und zwar nur insoweit, als sich ihre Förderung angesichts der zurzeit üblichen Kosten lohnt. Geht man von den bereits wissenschaftlich ermittelten Beständen (einschliesslich Ölsanden und Ölschiefer) aus, ohne die Förderkosten zu berücksichtigen, dann sollten sie im Falle von Öl bei heutigem Verbrauch wohl noch an die 300 Jahre reichen. Allerdings ist auch zu fragen, wie zuverlässig solche Angaben sind.

2004 hatte der Öl-Multi Shell einräumen müssen, dass er die Ölreserven, auf die der Konzern verbriefte Zugriffsrechte besaß, um 4,5 Milliarden Fass zu hoch angesetzt hatte. Die Offenbarung sorgte kurzzeitig für ein Feuerwerk an der Börse. War das nun eine Marktstrategie?

Im Unterschied zu Enron, dem ähnliche Manipulationen vorgeworfen werden, hat Shell das Eingeständnis überlebt – sehr gut sogar. Jedenfalls sorgten derlei Ankündigungen sofort für steigende Öl- und fallende

Aktienpreise, die den Konzernen, die ihre Aktien zurückkaufen wollten, nur Recht sein konnten. In den letzten Jahren hat sich dazu noch die Anzahl der Hedge-Fonds-Spekulanten im Ölgeschäft verdoppelt. Oft handelt es sich, wie z. B. bei dem in Dallas ansässigen BP Capital Energy Commodity Fonds, um Töchter der Ölkonzerne oder ihrer Geschäftsbanken. Sie haben nach der Statistik der Commodity Futures Trading Commission in den USA durch die Öl-Preisspekulation gewaltige Gewinne eingefahren. Ihre Tätigkeit soll den Öl-Preis um rund 50% verteuert und auch den jüngsten alarmierenden Anstieg der Öl-Preise bewirkt haben. Dieser findet sogar zu einer Zeit statt, in der weltweit weniger Öl verbraucht als gefördert wird.

Es geht also nicht eigentlich um den tatsächlichen Kohlenwasserstoffgehalt in der Erdkruste, wenn im Zusammenhang mit der sogenannten Klimakatastrophe über Änderungen der Energieversorgung nachgedacht wird, sondern wie meistens vor allem um Geld und Macht.[77]

Warum nicht CO_2 „recyceln"?

Der Weltklimarat (IPCC) ging – schon um den CO_2-Anstieg für die schlimmen Klima-Vorhersagen zu rechtfertigen – von Ölvorräten im Bereich von 5 000 bis 18 000 Milliarden Fass aus. Unberücksichtigt sind bei diesen Angaben zum Beispiel die 500 Milliarden Fass Öl, die bei einem Ölpreis von 40 Dollar pro Fass in den Athabasca Teersanden in Kanada (s. folgende Abb.) abgebaut werden könnten. Insgesamt rechnet man dort mit 1,7 Billionen Fass Ölsand. Die bisher bekannten größten Lagerstätten für Ölsand befinden sich am Orinoco in Venezuela mit 1,8 Billionen Fass, weitere größere Vorkommen liegen im Staat Utah der USA und im Nahen Osten. Auch im Fernen Osten und in Südafrika soll es beträchtliche Vorkommen geben. Setzt man zum Ausschwitzen des Öls aus dem Sand Prozesswärme aus dem nuklear betriebenen Hochtemperatur-

Teersand-grube bei Athabasca in Kanada[78]

reaktor ein, könnte sich die jeweils gewinnbare Menge Öl verdoppeln.

Der Hochtemperaturreaktor ist überhaupt wohl das stärkste Argument dafür, dass die Klimaschützer ihre Sorge wegen des CO_2 selbst nicht sehr ernst nehmen. Hielte man höheren Orts CO_2 wirklich für ein „Klimagift" und nicht für ein Mittel der Angsterzeugung zum Zweck des politischen Machterhalts, hätte man diese Technologie nicht leichtfertig abgewürgt. Mit der Prozesswärme aus dem Hochtemperaturreaktor lässt sich nicht nur Öl aus Teer-Sand und Öl-Schiefer ausschwitzen. Sie ermöglicht auch, CO_2 zusammen mit H_2O zu methanisieren, das heißt, CO_2 wieder in Methan zurückzuverwandeln, es zu „recyceln". Das CO_2 aus Hochöfen und Kraftwerken könnte so gewinnbringend im Kreis geführt werden und bräuchte nicht kostenträchtig und Gefahr bringend in unterirdische Kavernen abgefüllt zu werden.

Der inhärent sichere Hochtemperaturreaktor (inhärent sicher, weil er die Spaltungsvorgänge aus physikalischen Gründen beendet, wenn die Temperatur einen Grenzwert überschreitet) war unter anderem auch eigens für dieses Methanisierungs-Verfahren, „Adam und Eva" genannt, entwickelt worden.[79] Der deutsche Prototyp des HTR bei Hamm in Nordrhein-Westfahlen wurde 1989 nach nur 8000 Betriebsstunden aus fadenscheinig, eben „politischen" Gründen stillgelegt. Für die Vernichtung dieser Technologie in Deutschland hatte sich gerade der Personenkreis stark gemacht, der jetzt am lautesten vor der Klimakatastrophe durch CO_2 warnt. Das deutsche HTR-Konzept wird dagegen in Südafrika und China weiterentwickelt und demnächst dort auch gebaut. Beide Länder verfügen über erhebliche Kohlevorkommen. Auch Kanada und die USA sind an dieser Technologie interessiert, um ihre riesigen Ölvorräte aus den Teersanden oder Öl-Schiefern auszuschwitzen, ohne dazu viel von dem zu gewinnenden Öl verbrennen zu müssen.

Die Politik

„Ich würde sagen, wir sind an einem Punkt angelangt, an dem die Erderwärmung unmöglich geleugnet werden kann. Lassen Sie uns also nur sagen, dass die Leugner der Erderwärmung mit den Holocaust-Leugnern auf einer Stufe stehen, auch wenn die einen die Vergangenheit leugnen und die anderen die Gegenwart und die Zukunft", schrieb die anerkannte Pulitzer Preisträgerin Ellen Goodman am 9. Februar 2007 im Boston Globe. Hat sie Recht? Selbst wenn man ihr zugute halten wollte, sie würde sich bei ihrer Aussage nur auf die zur Zeit messbaren Temperatur-Veränderungen beziehen, hätte sie nicht Recht.

Doch der restliche Text ihres Aufsatzes „No change in political climate" zeigt so wie auch der Bezug auf „die Zukunft" im Zitat, dass sie die Häretiker des neuen Dogmas von der Erderwärmung durch CO_2-Emissionen meint. Wenn sie diese Häretiker oder „Skeptiker" mit den Holocaustleugnern, gegen die in Deutschland sogar Strafgesetze angewendet werden, auf eine Stufe stellt, bekundet das ein sehr starkes gesellschaftspolitisches Interesse an dieser Frage. Es reicht weit über die oben angedeuteten wirtschaftlichen Interessen hinaus. Ähnlich argumentierte ja auch Al Gore in Oslo, als er den Friedensnobelpreis bekam: *„Politiker, die jetzt noch nicht begriffen haben, dass die Klimaerwärmung die größte Herausforderung der Menschheit ist, verhalten sich so, wie Politiker, die die Gefahr, die von Hitler ausging, nicht wahrhaben wollten."*

Schon 1989 hatte Al Gore in der New York Times unter dem Titel „An Ecological Kristallnacht", in dem er eine Klimaerwärmung von weltweit 5° C *„zu unseren Lebzeiten"* angekündigt hatte, mit einer Horror-Vision gefordert: *„Wenn wir nicht tiefgreifend die Richtung unserer Zivilisation ändern, werden wir bald unmittelbar vor der schwerwiegenden Gefahr stehen, dass wir unser weltweites ökologisches System zerstören, welches das Leben, so wie wir es kennen, gewährleistet. ... 1989 deuten Wolken ganz anderer Art* (als damals unter Hitler, HB) *auf einen Umwelt-Holocaust ohne gleichen hin. Und wieder zögern die Weltführer* (wie 1938, HB) *und hoffen, die Gefahr würde sich auflösen. Doch heute liegen genau so deutliche Beweise vor, wie damals in Berlin mit dem Klirren eingeschlagener Schaufensterscheiben."* Er wiederholte das in seinem bereits erwähnten Buch von 1992: *„Heute liegen genau so klare Beweise für eine ökologische Kristallnacht vor, wie mit dem Klirren zerberstender Scheiben in Berlin."* Dort kann man auch schon Goodmans Warnung vor der Leugnung lesen. Bei Gore hieß es: *„Leugnung ist die Strategie derer, die zu glauben wünschen, dass sie ihr suchtabhängiges Leben ohne schlimme Auswirkungen auf sich selbst und andere fortsetzen können."* „Suchtabhängigkeit" warf ausgerechnet ein Al Gore seinen Gegnern vor, von dem selbst Die Welt am 13. Oktober 2007[80] schrieb, dass er privat besonders gerne mit einem Luxusjet der Marke Gulfstream verkehrt, ein Anwesen mit 950 Quadratmeter Wohnfläche bewohnt und allein im Jahr 2006 221000 Kwh Strom verbraucht hat – zwanzigmal mehr als der Durchschnittsamerikaner.

Geht es einem Menschen, der sich so verhält, wirklich um die Zukunft der Menschheit oder doch um etwas anderes? Er deutet das Andere in seinem Buch so an: *„Die Institutionen, die in der Vergangenheit im Morast versunken sind, müssen weggespült und ausgewechselt werden." „Unsere korrupte Zivilisation muss sich auf ein neues zentrales Organisationsprinzip („central organizing principle") gründen." „Sie muss mit einer alles umfassenden Anstrengung, die gesamte Politik, alle politischen Programme, alle Gesetzesvollmacht und jede Institution, jeden Vertrag und jedes Bündnis, jede Taktik und Strategie, jeden Plan und jedes Vorhaben, kurz jedes Mittel einsetzen, um die Zerstörung der Umwelt aufzuhalten und unser ökologisches System zu erhalten und zu fördern."* Genau damit rechtfertigte er ein anderes laut propagiertes Vorhaben: „reinventing government", die Regierung neu erfinden. Und nur darum geht es eigentlich, um „eine neue Regierungsweise".

Ein ähnliches Programm, nur weniger auffällig formuliert, deutet sich auch in dem Buch „Der Klimawandel" von Stephan Rahmstorfs und Hans Joseph Schellenhuber an. Beide leiten das Potsdamer Umweltforschungsinstitut und sind Hauptverfechter der kommenden Klimakatastrophe. In ihrem Buch aus dem Jahr 2006 heißt es: *„Der Klimawandel ist ein dramatisches, aber lösbares Problem. Seine Bewältigung ist eine Feuertaufe für die im Entstehen begriffene Weltgesellschaft."* Die Aussage verdeutlicht noch die Internetseite ihres Instituts. Dort lautet die siebte und abschließende „Kernaussage" des Instituts zum Klimawandel: *„Die Begrenzung der Erwärmung auf 2° C und die Anpassung an den Restklimawandel erfordern nichtsdestotrotz eine globale Kulturrevolution, bei der Stadt- und Landleben neu definiert werden müssen."*

Gesellschaftliche Umbrüche gefährden bestehende Machtstrukturen. Diese können sich nur durch die Einschüchterung der Bevölkerung behaupten. In der Klimadebatte wird häufig Ursache und Wirkung vertauscht, so auch bei der eigentlichen Motivation. Nicht die Klimakatastrophe macht eine neue Gesellschaftsformation erforderlich, sondern die in allen Medien beschworene Klimakatastrophenangst soll die Umwandlung der Gesellschaft in eine „nachhaltige", postindustrielle ökosozialistisch-diktatorische Gesellschaft vorbereiten. Aus der Feuertaufe der Verknappung der Güterversorgung, aus der damit verbundenen Not, dem Elend und der möglicherweise sogar beabsichtigten Reduktion der Weltbevölkerung soll eine neue Weltgesellschaft entstehen, welche die bestehenden, überlebten Machtverhältnisse über das tatsächlich drohende Finanz- und Wirtschaftschaos hinweg heben hilft. Die weitgehend noch vorbewusste Angst der Menschen vor eben diesem Chaos liefert das emotionale Material, das in der angeblich drohenden Klima-Katastrophe eine brauchbare Scheinerklärung und vor allem eine falsche Ausrichtung erhält. Ist das überinterpretiert?

Bereits 1967 war der sogenannte „Report from the Iron Mountain on the Possibility and Desirability of Peace" erschienen. In dieser angeblich fiktiven, in dem Fall aber sehr einsichtsvoll „erfundenen" Geschichte sollen die Spitzen der US Gesellschaft schon 1963 darüber beraten haben, wie sie die Gesellschaft innen- und außenpolitisch weiterhin in Schach halten können, falls der die Massen disziplinierende Ost-West-Konflikt einmal ein Ende fände und der Friede ausbrechen sollte. Ihnen fiel damals neben manch anderen aber nicht praktikablen Vorschlägen nur der Umweltschutz als künftiges gesellschaftliches Disziplinierungsmittel ein. Sie beklagten aber, dass, um diesen glaubwürdig erscheinen zu lassen, leider noch eindrucksvolle Umweltkatastrophen fehlen würden. Das hat sich inzwischen jedenfalls im Bewusstsein der eingeschüchterten Menschen und dank der entsprechenden Medien-Propaganda geändert. Im Anschluss an die Veröffentlichung des Reports war die „Linke", die zuvor am technischen Fortschritt orientiert war, innerhalb weniger Monate in eine „grüne", gegen den technischen Fortschritt gerichtete Bewegung umgepolt worden. Die gegenwärtige

Klimaangst dient, wie viele andere Umweltängste, der Umpolung der Gesellschaft.

Dass dies auch so beabsichtigt ist, sollen zum Schluss drei Zitate einflussreicher Persönlichkeiten zeigen:

- Richard Benedick, ein stellvertretender Staatssekretär im US-Außenministerium, schrieb: *„Die Bedrohung durch die globale Erwärmung muss eingeführt werden, selbst wenn die wissenschaftlichen Beweise für die Erhöhung des Treibhauseffekts fehlen."*

- Maurice Strong, unter anderem Berater des UNO-Generalsekretärs Kofi Annan für die Umorganisation der „Völkergemeinschaft" und verantwortlich für die Durchsetzung des Kioto-Protokolls sagte damals: *„Wir können an den Punkt gelangen, an dem als einziger Weg zur Rettung der Welt (gemeint ist „unserer Herrschaft") nur der Zusammenbruch der Industriegesellschaft übrig bleibt."*

- Timothy Wirth, US-Staatssekretär für Auswärtige Angelegenheiten, pflichtete Strongs Erklärung bei: *„Wir müssen mit der globalen Klimaerwärmung gehen. Auch wenn die Theorie der globalen Erwärmung falsch ist, tun wir damit in Bezug auf die Wirtschafts- und Umweltpolitik das Richtige."*

AUSBLICK

Schon am 21.1.1997 hatte der damalige Untersekretär für Weltangelegenheiten der US-Regierung, Timothey Wirth, im Wall Street Journal erklärt: *„Die Debatte ist vorbei. Nur die Frage gilt noch, wie und wie schnell man den CO_2 Ausstoß unter das Niveau des vereinbarten Ausgangsjahres 1990 drückt."*

Doch die Debatte ist noch lange nicht vorüber. Eigentlich beginnt sie erst und erreicht eine breitere Öffentlichkeit. Das lag nicht nur daran, dass die Hypothese, der steigende CO_2-Gehalt der Atmosphäre würde zu einer deutlichen und gefährlichen Klimaerwärmung führen, wissenschaftlich immer fragwürdiger wurde und daher viele an der Ehrlichkeit und Ernsthaftigkeit des Klimaschutzes zweifeln ließen. Im Kyoto-Protokoll, das im Februar 2005 in Kraft getreten ist, verpflichteten sich die 150 Unterzeichnerstaaten, die CO_2-Emissionen bis zum Jahr 2012 um 5 % unter das Niveau von 1990 zu senken. Das Abkommen gilt bis 2012. Die Diskussion um seine Verschärfung und Verlängerung löste eine ungeheure Medienpropaganda aus, die dem Fernsehpublikum fast täglich Horrorvisionen über das zu erwartende Klimageschehen vorführte.

Gleichzeitig blieb nicht verborgen, dass die beabsichtigten Klimaschutzmaßnahmen – über die bereits geltenden Benzin- und Energiesteuern hinaus – enorme neue Kosten verursachen werden. Darauf weisen gelegentliche Zeitungsartikel mit Titeln hin wie *„Klimaschützer missachten soziale Auswirkungen Ihrer Politik!"*.[81] Schon die Folgekosten des Kyoto Protokolls seit Februar 2005 belaufen sich aufgrund der Berechnungen des International Council on Capital Formation (ICCF) bis heute auf 433 Mrd. Dollar.[82] Was ist ihr berechenbarer Erfolg? Die Reduktion der CO_2-Emissionen nach dem Kyoto Protokoll würden, wenn sie eingehalten werden, selbst nach der vom Klimarat (IPCC) vertretenen Hypothese die Erderwärmung allenfalls um 0.004482801° C – also praktisch nicht – verringern. Der „skeptische Umweltschützer" und Statistikprofessor Björn Lomberg[83] hatte festgestellt, das Protokoll, würde es bis ins Jahr 2100 fortgeschrieben, könnte die nach der offiziellen Hypothese eintretende Klimaerwärmung möglicherweise um ganze sechs Jahre hinauszögern. Das kann selbst im Rahmen der katastrophalen Klimabefürchtungen keine vernünftige Vorsorgepolitik sein.

Von solchen Überlegungen unberührt einigten sich die Ministerpräsidenten der Europäischen Union (EU) am 9. März 2007 auf Ziele ihrer künftigen Klimaschutzpolitik, welche die Ziele des Kyoto-Protokolls noch verschärfen sollen. Danach will man in der EU bis zum Jahr 2020 rund 20% weniger CO_2 in die Atmosphäre abgeben. Deutschland hatte schon jetzt mit 17% CO_2-Reduktion den größten Teil der Kyoto-Verpflichtungen der EU auf sich genommen, um andere EU Mitglieder zu entlasten. Seine Vertreter verkündigten am 9.3.07 in Brüssel, dass Deutschland seine Emissionen bis 2020 nicht nur um 20%, sondern um das Doppelte, um 40% senken wolle.

Bundesumweltminster Sigmar Gabriel wurde nicht müde, sich die EU-Beschlüsse als seinen Erfolg anzurechnen und auf und ab im Land zu behaupten, dieser Klimaschutz würde nicht viel kosten: Ein Euro pro Person und Jahr seien nun wirklich nicht zu viel, um die Erde zu retten, und außerdem könne man als Vorreiter bald Gewinne aus den eigenen technischen Lösungen zur CO_2-Einsparung erwirtschaften. Sein Staatssekretär Michael Müller klatsche ihm dazu emsig Beifall.

Auf dem G8 Gipfel vom 6. bis 8 Juni 2007 in Heiligendamm sollte US Präsident Bush in die Riege der Klimaretter aufgenommen werden. *Diesem Abkommen entkommt keiner!"*, hatte Frau Merkel stolz verkündigt. Da man die USA schon im Boot wähnte, beschloss die Bundesregierung nach dem Gipfel am 23./24. August 2007 auf ihrer Klausurtagung im Gästeschloss Meseberg ein 30-Punkte-Programm zur Umsetzung ihrer ehrgeizigen Klimapolitik.

Berauscht von der eigenen Großzügigkeit eilte man daraufhin nach Bali. Auf der paradiesischen Insel Bali in Indonesien fand vom 3.–14. Dezember 2007 die 13. Vertragsstaatenkonferenz der Klimarahmenkonvention und die 3. Vertragsstaatenkonferenz des Kyoto-Protokolls statt. Ziel der deutschen Vier – der Kanzlerin, des Umweltministers mit seinem Staatssekretär und Professor Schellnhuber als dem Leiter des Beraterstabs – war es, dort die eigenen Pläne als „Bali Roadmap" für die Erde verbindlich durchsetzen zu lassen, „damit nach dem Ende der ersten Verpflichtungsperiode des Kyoto-Protokolls 2012 keine Lücke entsteht."

Wirtschaftsminister Michael Glos wollte genauer als seine Regierungskollegen wissen, welche Kosten aufgrund der Brüsseler Beschlüsse auf Deutschland zukommen. Das von ihm dazu beauftragte Prognos-Institut, das den Klimaschutz ausdrücklich befürwortet, legte am 16.11. 07 eine entsprechende Studie vor. Laut dpa-Meldung vom gleichen Tag ergeben sich bei einer CO_2 Reduktion um nur 20% für Deutschland bereits zusätzliche Kosten von mindestens 123 Mrd. Euro, das sind pro Kopf 1537,5 Euro. Hinzukommt ein deutliches Sinken der Wirtschaftsleistung und eine Anhebung der Energiekosten um rund 16 Prozent. Andere Studien kommen auf weit höhere Kosten.

Der Physiker und Energietechniker Dr. Lutz Niemann hatte sich nur auf einen Punkt des 30 Punkteprogramms der Bundesregierung beschränkt und die Kosten der Absicht berechnet, *„den Anteil der Erneuerbaren Energien an der Stromproduktion bis 2020 auf 25 bis 30% zu erhöhen".*[84] Er kommt zu folgendem Ergebnis: Um 30% des gegenwärtigen Strombedarfs, also 186 Milliarden Kilowattstunden, mit Wasserkraft, Windrädern, Photovoltaik und Biomasse erzeugen zu können, müsste bis 2020 ein Investitionsvolumen von insgesamt 211 Mrd. EURO oder 16 Mrd. EURO pro Jahr (ohne Zinseffekte) aufgebracht werden. Die zusätzlichen Kosten durch diese erneuerbare Stromerzeugung würden dann alleine im Jahr 2020 rund 21 Mrd. Euro betragen. Da sich die Investoren ihr Geld durch die Einspeise-Vergütung (nach dem EEG) zurückholen können (zzgl. verbilligter Kredite, Steuererlass etc.), würde das den Strompreis gegenüber heute verdoppeln. Bei einem Kapitalrückfluss von 250%, wie er in den neuesten Prospekten zur Beteiligung an Windparks angegeben wird, werden aus der Investition von 211 Mrd. Euro insgesamt 527 Mrd. Euro, welche die deutsche Volkswirtschaft zu tragen hätte.

Nicht berücksichtigt hatte Niemann in seiner Modellrechnung für nur einen der 30 Punkte des Regierungsprogramms: die Zusatzkosten der Stromversorger für Netzanbindung und Netzausbau, nicht die Zusatzkosten für den weiteren Ausstieg aus der Kernenergie und nicht die Zusatzkosten durch die sich ergebende Verteuerung der Lebensmittel als Folge ihrer Verknappung, wenn Ackerflächen zur Erzeugung energetisch nutzbarer Biomasse umgewidmet werden müssen.

Den 30 Punkten ihres Programms entsprechend, beschlossen die regierenden Klimaschützer am 5. Dezember 2007 ein Gesetzespaket, das die Haus- und Wohnungseigentümer zu drastischen Umrüstungen zwingt. Nach groben Berechnungen des Bundesverbandes Haus & Grund wird das die Wohnungseigner mit weiteren 110 Mrd. Euro belasten. Das Frauenhofer Institut für System- und Innovationsforschung in Karlsruhe hatte im Auftrag von Bundesminister Gabriel die Kosten der beschlossenen Wohnungsumrüstungen genauer studiert und auf 370 Mrd. Euro in den nächsten 12 Jahren errechnet.[85] Natürlich treffen die Kosten nicht nur „Häuslebauer", sondern in erster Linie Mieter, weil die Wohnungsgesellschaften ihre Kosten an diese durchreichen werden. Investitionen auf einem Gebiet machen Investitionen auf anderen Gebieten unmöglich. Die Verhinderung von dringend gebotenen Investitionen zum Beispiel in die Infrastruktur des Landes, und sei es nur, um ihren Zerfall aufzuhalten, werden in diesen Kostenrechnungen nicht berücksichtigt.

Die Regierung hatte in Meseberg Beschlüsse gefasst, ohne sich vorher über die Kosten klar zu werden, die sie damit ihren Bürgern auflädt. Auch die realistische Auswirkung ihrer Klimapolitik auf die hypothetische Erderwärmung scheint sie kaum bedacht zu haben und auch nicht, dass das, was wir in Deutschland und Europa an CO_2 einsparen, allein von Staaten wie Indien und China in wenigen Wochen zusätzlich emittiert werden wird. Deshalb begann die Bundesregierung kürzlich wortstark zurückzurudern, als die EU-Kommission ihrerseits Pläne zur Umsetzung der beschlossenen Maßnahmen vorlegte und diese besonders stark die deutsche Autoindustrie und Zigtausende von Arbeitsplätzen in Deutschland betrafen.

Genau so gut wie zu einer noch hypothetischen, katastrophalen Klimaerwärmung, könnte es aber auch zu anderen Katastrophen kommen. Die NASA erwägt die Möglichkeit, dass wieder wie vor über 50 Mio. Jahren, als die Dinosaurier ausstarben, ein Asteroid einschlagen oder wie 1816 ein Supervulkan ausbrechen könnte, der der Erde ein oder mehrere „Jahre ohne Sommer" bescheren würde.[86] Welche Vorbereitungen will man hierfür treffen?

Aber wir brauchen nicht so weit auszuholen. Björn Lomberg hat in seinem schon erwähnten Buch auf viele drängendere Probleme hingewiesen, die nicht nur realer sind als eine noch immer hypothetische Klimakatastrophe, sondern die die Menschen auch besser befähigen würden, sich klimatischen Veränderungen anzupassen. Es wäre der Menschheit und auch der Umwelt demnach wesentlich besser gedient, wenn die reicheren Länder die entsprechenden Mittel den unterentwickelten Ländern zur Verfügung stellen würden. Diese würden ihnen tatsächlich helfen, die Probleme der Ernährung ihrer Bevölkerung, ihrer Versorgung mit sauberem Trinkwasser, des Ausbaus ihres Gesundheits- und Bildungswesens, ihrer Infrastruktur und ihrer Energieversorgung zu lösen. Dort wären diese Mittel sinnvoller eingesetzt als für eine aggressive Reduktion der Treibhausgase, deren „katastrophale" Klimawirksamkeit noch nirgends außerhalb von Computermodellrechnungen wissenschaftlich nachgewiesen wurde.

Natürlich bleiben auch sonst noch genug ernsthafte Umweltprobleme, die dringend und mit stärkerem Elan angegangen werden müssten. So gelangen noch immer gefährliche und vergiftende Schadstoffe in die Atmosphäre, in die Gewässer und in den Boden. Im Vergleich zu diesen ist CO_2 überhaupt kein Schadstoff, wie oft unterstellt wird, sondern als die entscheidende Pflanzennahrung eine der wichtigsten Lebensgrundlagen.

Ebenso wichtig ist die Erschließung neuer Energiequellen. Dies würde nicht nur die Energieversorgung in Zukunft, wenn die Kohlenwasserstoffe tatsächlich einmal versiegen sollten, sicherstellen, sondern der Menschheit auch die Energie an die Hand geben, um ihre Schadstoffe weiter zu verarbeiten. Schadstoffe bestehen aus den gleichen chemischen Elementen wie alle Stoffe dieser Erde. Gefährliche chemische Verbindungen lassen sich in ihre Elemente zerlegen und diese zu neuen, nützlichen Verbindungen zusammenfügen. Doch dazu wäre viel Energie und vor allem Energie in großer Dichte erforderlich. Mit sogenannten „alternativen" Energieträgern ist das nicht zu bewerkstelligen, dazu müssten die hochdichten Kernbindungskräfte besser genutzt werden. Der Zugriff auf günstige Energie ist auch eine Voraussetzung für Investitionen, um andere drängende Probleme zu lösen, wie den übertriebenen Flächenverbrauch für Wohnungen, Fabrikanlagen und Verkehrswege. Damit ließe sich für Pflanzen und Tiere ein ausreichender Lebensraum neben dem von den Menschen beanspruchten freihalten beziehungsweise wieder freilegen. Hier anzusetzen, würde nicht nur eine wirksamere Daseinsvorsorge für das Leben auf diesem Planeten bieten, sondern auch die Voraussetzung schaffen, damit wir uns auf eine katastrophale Klimaänderung, wenn sie denn kommen sollte, besser einstellen könnten. Die aggressive Reduktion der

CO_2-Emissionen wird beim gegenwärtigen Entwicklungsstand die technischen und wirtschaftlichen Möglichkeiten der Menschheit und damit ihre Fähigkeit, sich auf künftige Gefährdungen einzustellen, drastisch beschneiden.

Die Aussichten für eine drohende Klimakatastrophe durch Erwärmung infolge eines vermehrten CO_2-Ausstoßes sind – wie gezeigt – eher gering. Weit eher droht der Menschheit eine Klimaabkühlung und in noch unbekannter Zukunft wahrscheinlich auch wieder eine neue Eiszeit. Wie alles in dieser Welt unterliegt auch das irdische Klima einem stetigen Wandel. Sein Auf und Ab wird durch die Energiezufuhr aus der Sonne geregelt, zu der die Energieerzeugung des Menschen auf der Erde in keinem nennenswerten Verhältnis steht.

Die zyklischen Veränderungen der Aktivität der Sonne, die von der offiziellen Klimaforschung ungebührlich heruntergespielt wurde, sind zusammen mit der auf die Erde einströmenden kosmischen Strahlung und deren Wirkung auf die Wolkendecke die treibende Kraft hinter den Klimaschwankungen. Das Sonnenverhalten war in der Vergangenheit intensiv studiert worden. Dabei entdeckte man eine Reihe sich überlagernder Zyklen, die neben vielen anderen noch nicht verstandenen Einflüssen, wie die Wanderung der Sonne um den Schwerpunkt des Sonnensystems oder das Pulsieren ihres Durchmessers, die Aktivität der Sonne periodisch schwanken lassen. Die bekanntesten kürzeren Sonnenzyklen sind der durchschnittlich 11 beziehungsweise 22 Jahre dauernde Sonnenfleckenzyklus und ein längerer, der sich mit großen Abweichungen in etwa alle 200 Jahre wiederholt. Fasst man beide zusammen, ergibt sich folgender Ausblick auf die zu erwartenden Klimaänderungen der nächsten Zeit. Ihn hat mit dem Auf und Ab der jüngsten Schwankungsphase John Shotsky, Managing Direktor einer angesehenen IT-Firma vereinfacht und geglättet so dargestellt. [87]

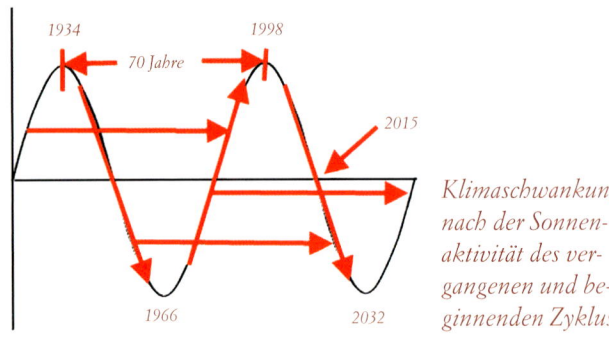

Klimaschwankung nach der Sonnenaktivität des vergangenen und beginnenden Zyklus

Demnach dürften Klimaschützer bald wieder – wie schon einmal Anfang der 1970er Jahre – vor einer drohenden, katastrophalen Klimaabkühlung warnen. Höchstwahrscheinlich werden in ihren Augen dann auch wieder der Mensch und sein Energieverbrauch für das drohende Missgeschick verantwortlich sein, und sie werden zu seiner Vermeidung ebenfalls wieder drastische Sparmaßnahmen fordern. Solche Maßnahmen bringen zwar einigen wenigen Menschen eine satte „politische Rente". Doch dafür muss die große Mehrheit aufkommen, deren Bereitschaft hierzu durch entsprechende Kampagnen gefördert wird. Die darauf verwendeten Mittel fehlen dann aber, um die nicht geringen anstehenden Aufgaben der Menschheit wirksam in Angriff zu nehmen. Angst und Panik waren schon immer schlechte Ratgeber. Daher ist Vorsicht geboten, wenn Leute Angstmache und Panik einsetzen, um ihre Ziele und Vorstellungen durchzusetzen.

Zum Schluss ein Auszug aus der jüngsten Presseerklärung des US-Zentrums für die Wissenschaftliche Erforschung des Weltraums.

Anhang

PRESS RELEASE:
SSRC (*Space and Science Research Center*) 1-2008

Änderungen an der Sonnenoberfläche kündigen den nächsten Klima-Umschwung an

2. Januar 2008

Heute teilte das Space and Science Research Center (SSRC) in Orlando, in Florida mit, dass es die jüngste Internet-Mitteilung der NASA-Sonnenphysiker über deutliche Veränderungen an der Sonnenoberfläche bestätigen kann. Das SSRC hatte diese Änderungen genauer untersucht und ist zu dem Schluss gekommen, dass sie den nächsten Klimaumschwung zu einer lang anhaltenden Kaltzeit einleiten werden.

Der Direktor des SSRC, John Casey sagte, die Ergebnisse bestätigen frühere Forschungen unter seiner Leitung. Sie hätten unabhängig herausgefunden, dass die Änderungen in der Sonne das Ergebnis einer Reihe von Zyklen sind, die das Klima zwischen kalten und warmen Phasen schwanken lassen.

„Wir bestätigen jüngste Meldungen der NASA, dass zur Zeit bedeutende historische Änderungen auf der Sonnenoberfläche stattfinden. Diese können nur ein einziges Ergebnis haben – eine neue Klimaänderung. Dieser wird eine lange anhaltende, sehr kalte Periode für den Planeten mit sich bringen. Es handelt sich allerdings nicht um ein für die Erde einmaliges Ereignis, ist aber eine einschneidende Neuigkeit für diese und die nächsten Generationen. Es handelt sich um nichts anderes als die normale Folge von wechselnden Klimaschwankungen, die seit Tausenden von Jahren abgelaufen sind. Des Weiteren ergibt sich aus unserer Forschung, dass eine Serie von Sonnenzyklen genau vorhersagbar ist und dazu dienen kann, viele Jahrzehnte im voraus grob die nächsten Phasen des Klimaumschwungs vorherzusagen. Ich habe die Genauigkeit der Übereinstimmung dieser Zyklen mit denen der Erdtemperatur in den letzten 1100 Jahren überprüft. Sie liegt bei über 90%. … Das letzte Mal war diese besondere zyklische Erscheinung, die ich den ‚Bi-Centennial Solar Cycle‘ nenne, vor gut 200 Jahren eingetreten und zwar zwischen den Jahren 1793 und 1830. Das war das sogenannte Dalton Minimum, eine Zeit extremer Abkühlung.“

Offener Brief von Dr. Chris Landsea

17. Januar 2005

Liebe Kollegen,

Nach einigen langen Überlegungen habe ich entschieden, mich aus der Arbeit am Vierten Abschätzungs-Bericht (AR4) des Intergovernmental Panel on Climate Change (IPCC) zurückzuziehen. Ich tue das, weil ich zu der Ansicht gekommen bin, dass der Teil des IPCC, für den meine Fachkenntnisse relevant sind, politisiert worden ist. Dazu kam, dass die IPCC-Führung, als ich ihr meine Bedenken vortrug, diese einfach abgetan hat.

In diesem offenen Brief möchte ich den Grund meiner Entscheidung erklären und die Aufmerksamkeit auf etwas lenken, was ich für ein Problem im IPCC-Verfahren halte. Das IPCC ist eine Gruppe von Klimaforschern aus der ganzen Welt, die alle paar Jahre zusammenfasst, wie sich das Klima verändert hat und wie es sich aufgrund der vom Menschen verursachten Erwärmung in Zukunft ändern könnte. Ich hatte für das IPCC sowohl als Autor für das Kapitel „Observations" (Beobachtungen) als auch als Rezensent für den 2. und 3. Abschätzungs-Bericht (AR2 1995 und AR3 2001) vor allem auf dem Gebiet tropischer Zyklone (Hurrikane und Taifune) gearbeitet. Meine Arbeiten über Hurrikane und tropische Zyklone im Allgemeinen waren vom IPCC ausführlich zitiert worden. Der Hauptautor des Kapitels „Oberservations" – Dr. Kevin Trenberth – bat mich vor einigen Wochen für den AR4 den Teil über Hurrikane im Atlantik zu übernehmen. Wie in der Vergangenheit stimmte ich zu, das IPCC beim Feststellen dessen zu unterstützen, was mit unserem Klima vor sich geht. Ich hielt das für eine wichtige und politisch neutrale Aufgabe.

Kurz nachdem Dr. Trenberth mich gebeten hatte, den Teil über atlantische Hurrikane im Kapitel „Observations" des AR4 zu skizzieren, nahm Dr. Trenberth an einer Pressekonferenz teil, die von Wissenschaftlern aus Harvard zum Thema „Fachleute warnen, die globale Erwärmung führt wahrscheinlich zu vermehrtem Auftreten heftiger Hurrikane" anberaumt worden war. Hinzu kamen weitere Interviews in den Medien zum gleichen Thema. Ergebnis dieser Medien-Auftritte war, dass Berichte, nach denen die zur Zeit recht heftige atlantische Hurrikansaison auf die von Menschen durch Treibhausgase erzeugte Erderwärmung zurückzuführen sei, eine weite Verbreitung fanden. Beim Anhören des Mitschnitts und Lesen der Abschriften aus dieser Pressekonferenz und Medieninterviews wurde deutlich, dass Dr. Trenberth in den Stellungnahmen genau zitiert, zusammengefasst und nicht von den Medien falsch dargestellt worden ist. Diese Medien-Auftritte haben das Potential, die Vorstellung weit zu verbreiten, die globale Erwärmung habe in jüngster Zeit die Aktivität der Hurrikane deutlich verstärkt.

Ich fand es ein bisschen verwunderlich, dass die Teilnehmer an der Pressekonferenz in Harvard zu dem Schluss gekommen waren, die globale Erwärmung würde die derzeitige Hurrikanaktivität beeinflussen. Meines Wissens hatte kein Teilnehmer an der Pressekonferenz selbst irgendwelche Forschungen über das sich ändernde Hurrikan-Geschehen unternommen, noch konnten sie sich auf irgendwelche neuen Arbeiten auf diesem Gebiet berufen. Alle früheren und laufenden Untersuchungen auf dem Gebiet der Schwankungen bei Auftreten von Hurrikans haben keine verlässlichen, langfristigen Trends in der Häufigkeit oder Intensität tropischer Zyklone im Atlantik oder in irgendwelchen anderen Meeresbecken aufgezeigt. Die IPCC-Einschätzungen waren 1995 wie auch 2001 zu dem Schluss gelangt, dass sich in den Hurrikan-Aufzeichnungen kein globales Erwärmungssignal finden ließ.

Mehr noch, es gibt recht starke Hinweise, die von den jüngsten ernsthaften Studien unterstützt werden, darauf, dass sich eine Erwärmung in Zukunft wahrscheinlich eher mäßigend auf Hurrikane auswirken dürfte. Die jüngsten Ergebnisse des Geophysical Fluid Dynamics Laboratory (Knutson und Tuleya, Journal of Climate, 2004) vermuteten zwar, dass um das Jahr 2008 Wind und Regen bei Hurrikanen etwa um 5 % heftiger als heute ausfallen könnten. Dagegen wurde aber vorgetragen, dass sogar diese geringfügige Veränderung dessen, was bis Ende des 21. Jahrhunderts eintreten könnte, eine Übertreibung ist (Michaels, Knappenberger, und Landsea, Journal of Climate 2005).

Es ist mir unverständlich, weshalb meine Kollegen die Medien benutzen, um die unbewiesene Behauptung, die jüngsten Hurrikan-Ereignisse seien auf die globale Erwärmung zurückzuführen, zu verbreiten. Dr. Trenberths Rolle als der „Führende Autor", der im IPCC für die Vorbereitung des Textes über Hurrikane verantwortlich ist, und seine derart weit von allen wissenschaftlichen Kenntnissen entfernten, öffentlichen Verlautbarungen wecken in mir die Sorge, dass es nun im IPCC-Verfahren sehr schwer sein dürfte, eine objektive Einschätzung der Hurrikan-Ereignisse zu erreichen. Meiner Ansicht nach schaden Leute, die sich als Mitarbeiter des IPCC identifizieren, der Glaubwürdigkeit der Wissenschaftlichkeit des Klimawandels, wenn sie Verlautbarungen weit außerhalb der wissenschaftlichen Erkenntnis abgeben. Sie werden damit auf lange Sicht unseren Einfluss auf die allgemeine Politik schwächen. Meine Bedenken gehen über das Verhalten Dr. Trenberths und seiner Kollegen und die Art und Weise, wie er und andere IPCC-Beamte auf meine Bedenken reagiert haben, noch hinaus. Ich warnte Dr. Trenberth vor dem Medienauftritt und hatte ihm eine Zusammenfassung über den Stand des Wissens der Hurrikanforschung überreicht. Mich verärgerte, dass die IPCC-Führung meine Bedenken zurückwies, als ich auf die klimawissenschaftliche Falschdarstellung mit der Autorität und im Namen des IPCC verwies. Insbesondere sagte man mir seitens der IPCC-Führung, Dr. Trenberth spreche in eigenem Namen, obwohl er auf der Pressekonferenz als „Führender Autor" des IPCC vorgestellt worden war.

Man sagte mir, die Medien hätten seine Worte übertrieben oder falsch dargestellt, obwohl die (im Internet verfügbaren) Mitschnitte der Pressekonferenz und des Interviews etwas ganz anderes belegen. Auch bezog sich Dr. Trenberth in seinen Ausführungen auf Schlussfolgerungen des TAR, obwohl der TAR recht deutlich feststellt, dass es keinen Zusammenhang zwischen Erderwärmung und Hurrikan-Aktivitäten gäbe. Die IPCC-Führung konnte nichts Bedenkliches an Dr. Trenberths haltlosen Erklärungen gegenüber den Medien finden, obwohl er als „Führender Autor" des AR4 eine entscheidende, angeblich überparteiliche Rolle einnehmen muss.

Sicherlich können „einzelne Wissenschaftler im eigenem Namen tun und lassen, was sie wollen", wie einer der Leute in IPCC-Führung meinte. Unterschiedliche Auffassungen und ernsthafte Debatten sind mit Sicherheit wichtig, um Fortschritte in der Klimawissenschaft zu erzielen. Allerdings handelte es sich in diesem Fall nicht um eine offene, wissenschaftliche Diskussion auf einer Sitzung von Klimaforschern. Statt dessen hat ein Wissenschaftler, der eine wichtige Rolle im IPCC spielt und der sich als „Führender Autor" des IPCC vorgestellt hatte, diese Position ausgenutzt, um in den Medien und in der breiten Öffentlichkeit seine private Meinung zu verbreiten, wonach die turbulente Hurrikansaison von der Erderwärmung herrühre. Diese Meinung steht im direkten Gegensatz zu den veröffentlichten Forschungsarbeiten auf dem Gebiet und zu den Schlussfolgerungen im TAR. Dies wird problematisch, wenn ich nun den Entwurf über beobachtete Schwankungen der Hurrikan-Ereignisse für den AR4 liefern soll, wobei, ironischerweise, Dr. Trenberth der „Führende Autor" dieses Kapitels ist.

Wegen Dr. Trenberths Vorankündigungen wurde das IPCC-Verfahren zur Einschätzung dieser wichtigen Extremereignisse in unserem Klimasystem unterhöhlt und verfälscht; es hat seine Neutralität verloren. Auch wenn niemand einem Wissenschaftler „sagen" kann, was er zu sagen oder nicht zu sagen hat (ich schlage das auch nicht vor), hat das IPCC Dr. Trenberth doch als „Führenden Autor" ausgesucht und ihm die Verpflichtung auf eine unvoreingenommene, neutrale Vorgehensweise anvertraut. Wenn Wissenschaftler Pressekonferenzen abhalten und mit den Medien sprechen, ist Sorgfalt geboten, damit kein schiefes Licht auf den IPCC fällt. Es ist von mehr als nebensächlichem Interesse anzumerken, dass Dr. Trenberth, während er darauf versessen war, seine Meinungen über die globale Erwärmung und Hurrikane den Medien mitzuteilen, es abgelehnt hat, das Gleiche bei der Konferenz über Klimaschwankungen und Klimawandel im Januar zu tun, auf der er einige andere Vorträge hielt. Vielleicht war er besorgt, seine Spekulationen – obwohl er sie der Verbreitung in der Öffentlichkeit für würdig hielt – könnten der Kritik von Klimawissenschaftlern, wenn sie ihm gleichgestellt waren, nicht standhalten.

Ich kann mich persönlich nicht guten Glaubens weiterhin an dem Verfahren beteiligen, nachdem ich zu der Ansicht gelangen musste, dass es sowohl von vorgefassten Absichten geleitet und wissenschaftlich unzulässig geführt wird. Da die IPCC-Führung in Dr. Trenberths Auftreten kein Fehlverhalten erkennen kann und ihn weiterhin als führenden Autor für den AR4 beibehält, habe ich mich entschlossen, nicht länger am AR4 des IPCC mitzuarbeiten.

Hochachtungsvoll

Chris Landsea

Dr. Christopher Landsea, ehemaliger „Forschender Meteorologe" bei der Forschungsabteilung Hurrikane des Atlantic Oceanographic & Meteorological Laboratory der National Oceanic and Atmospheric Administration (NOAA), einer US-Behörde, die für die Bedingungen der Ozeane und der Atmosphäre zuständig ist, arbeitet heute als Science and Operations Officer beim („http://en.wikipedia.org/wiki/National_Hurricane_ Center") National Hurricane Center der USA. Er ist Mitglied der („http://en.wikipedia.org/wiki/American_Geophysical_Union") American Geophysical Union und der („http://en.wikipedia.org/wiki/American_Meteorological_Society") American Meteorological Society und hatte auf dem Gebiet der Atmosphären-Wissenschaft an der („http://en.wikipedia.org/wiki/Colorado_State_University") Colorado State University promoviert.

Anmerkungen

1 David Henderson, der frühere Chefökonom bei der OECD in Paris hat eine Reihe schockierend agitierender Aussagen dieser Art von UN-Bürokraten und Politikern zusammengetragen in „Governments and Climate Change Issue – The Case of Rethinking", in: World Economicss Vol. 8 2. Nov. 2007

2 Lewis Smith, Al Gore's inconvenient judgment, in: The Times London 11.10.07

3 Gore, Albert: Wege zum Gleichgewicht, Frankfurt Fischer 1992 (engl. Earth in Balance)

4 Befragt wurden die Mitglieder der Amerikanischen Geophysikalischen Union (AGU) und der Amerikanischen Meteorologischen Gesellschaft (AMS). Baukey, Ronald: „Demagogery in Green", in: National Review vom 16.2. 1992 S. 43 Anm 1.

5 Text auf Englisch und die Namen unter http://www.oism.org/ pproject/

6 Die prominentesten Klimatologen, die sich unter Protest vom IPCC zurückgezogen haben, waren unter anderen Will Alexander, John Christy, Voncent Gray, Zbigniew Jaworowski, Chris Landsea, Marcel Leroux, Richard Lindzen, Nil-Axel Mörner, Hans Oerlemans, Paul Reiter und Roy Spencer.

7 http://nzclimatescience.net/index.php?option=com_content&task=view &id =138&Itemid=38

8 Naomi Oreskes. The scientific consensus on climate change, in: Science, Bd. 306 Heft 5702 vom 3.12.2004

9 In http://www.staff.livjm.ac.uk/spsbpeis/Scienceletter.htm

10 nach Houghton, J. T., Jenkins, G.T., Ephraums I.I. (Eds) Climate Change: The IPCC Scientific Assessment, Cambridge 1990

11 Wolfgang Behringer: Hexenjagd im Regen. Wie das Klima die Geschichte beeinflusst. In: Frankfurter Allgemeine Zeitung Nr. 156, 5.7.1989, S: 5 und ders.: Hexen. Glaube, Verfolgung, Vermarktung. München: Beck'sche Reihe (1998) 2005

12 Diese und weitere Informationen stammen vom Archäologischen Dienst des Kanton Bern siehe unter http://www.be.ch/web/index/kanton/kanton-mediencenter/kanton-mediencenter-mm/kanton-mediencenter-mm-detail.htm?id=6566

13 http://arctic.atmos.uiuc.edu/cryosphere/

14 Die Studie erschien am 4. Oktober 2007 in der Zeitschrift Geophysical Research Letters, eine Zusammenfassung findet unter http://www.nasa.gov/vision/earth/lookingatearth/quikscat-20071001. html. eine weitere Studie unter Federführung von James Morison vom Polar Science Center Applied Physics Laboratory, Universität des Staates Washington in Seattle entdeckte im periodisch auftretenden niedrigeren Salzgehalt der von Igor Poliakow entdeckten „arktischen Oszillation" einen weiteren Grund für die Abnahme des Arktischen Eises in diesem Sommer vgl. http://earthobservatory.nasa.gov/Newsroom/NasaNews/2007/2007111325923.html

15 Willie Soon, Variable Solar Irradiance as Plausible Agent for Multidecadal Variations in the Arctic-Wide Surface Air Temperature Record of the Past 130 Years, in Geophysical Research Letters 27.8.05

16 Mehr dazu unter http://www.athropolis.com/arctic-facts/fact-amundsen-gjoa.htm

[17] Vgl. L.V. Polyakov et al., Arctic Ocean Variability Derived from Historical Observations, Geophysical Research Let. Bd. 30, H.6 S. 1298.

[18] Die Grafik stammt aus Monte Hieb: *Climate and the Carboniferous Period*, http://www.clearlight.com/~mhieb/ WVFossils/Carboniferous_climate.html

[19] Nach Gerd Weber, Welche Hinweise gibt es auf den anthropogenen Treibhauseffekt? In H. Metzner (Hrsgb.)Treibhaus-Kontroverse und Ozon-Problem, Tübingen 1996, S.96

[20] Bild vom National Climatic Data Center NCDC, USA

[21] Lowell Ponte, The Cooling: Has the next ice age already begun? Can we survive it? Prentice-Hall 1976 — Einer der heute prominentesten Global Warming Befürworter in den USA schrieb damals als Klappentext: „Die dramatische Bedeutung klimatischer Änderungen für die Zukunft der Welt ist von vielen gefährlich unterschätzt worden, oft weil wir von der modernen Technologie in dem Glauben eingelullt werden, wir würden die Natur bewältigt haben. Aber dieses gut geschriebene Buch zeigt in deutlichen Worten, dass die klimatische Bedrohung Furcht erregender sein kann als alles, was wir uns vorstellen können, und dass man an massive weltweite Aktionen denken muss, um sich gegen diese Bedrohung abzusichern… Dr. Stephen H. Schneider, Deputy Head, Climate Project, National Center for Atmospheric Research

[22] Einzelheiten dazu Thomas H. Maugh II, Los Angeles Times vom 15.8.07.)

[23] Abbildung nach John Christy, Roy Spencer unter: http:// web.archive.org/web/20070323005914/http://www.ghcc.msfc.nasa.gov/MSU/msusci.html

[24] Lockwood *et a1* 1999, „A doubling of the Sun's corona1 magnetic field during the past 100 years", *Nature* 399, pp.437–9, say: *The solar wind is an extended ionized gas of very high electrical conductivity, and therefore drags some magnetic flux out of the Sun to fill the heliosphere with a weak interplanetaly magnetic field Magnetic reconnection – the merging of oppositely directed magnetic fields – between the interplanetaly field and the Earth's magnetic field allows energy from the solar wind to enter the near-Earth environment. ... Here we show that measurements of the near-Earth interplanetary magnetic field reveal that the total magnetic flux leaving the Sun has risen by a factor of 1.4 since 1964; surrogate measurements of the interplanetary magnetic field indicate that the increase since 1901 has been a factor of 2.3 ..."*

[25] http://www.msfc.nasa.gov/NEWSROOM/news/photos/2002/2002-images/sunearth_01_m.jpg

[26] http://sci.esa.int/science-e-media/img/65/heliosphere-schematic_33637.jpg

[27] Nach David Archibald's Power Point Bild seines Vortrags Ende Juni 2007 vor der Lavoisier Gruppe in Melbourne mit dem Titel: The Past and Future of Climate.

[28] Graphik von Piers Corbyn der Firma Weather Action (piers@ weather-action.com)

[29] Nigel Marsh and Henrik Svensmark, Low Cloud Properties influenced by Cosmic Rays. Physical Review Letter, December 4, 2000 - Volume 85, Issue 23, pp. 5004–5007.

[30] Fußnote: Die Veränderungen in % beziehen sich auf die 30% Albedo. Die W/m korrespondieren NICHT mit der Intensität der Solar-

strahlung von 1368 W/m$\sum$. Z.B. sind +10% von 30% Albedo 3%, das entspricht minus 41 W/m. Es ist deutlich erkennbar, dass allein der sekundäre Solareffekt wesentlich größer ist als der CO_2-Effekt.

[31] A. Mangini, C. Spötl, P. Verdes, Reconstruction of temperature in the Central Alps during the past 2000 yr from a d18O stalagmite record. In: Earth and Planetary Science Letters Vol. 235, Issues 3–4, Pages 741–751, 15 July 2005. Forschungsstelle Radiometrie, Heidelberger Akademie der Wissenschaften

[32] Henrick Svensmark, Nigel Calder, The Chilling Stgars, a New Theory of Climate Change, Icon Books Ltd.Cambridge 2007. Es wird demnächst unter dem Titel „Sterne steuern unser Klima, eine neue Theorie zur Erderwärmung", in meiner Übersetzung im Patmos Verlag Düsseldorf auf Deutsche erscheinen.

[33] Elliot, J. L., H. B. Hammel, L. H. Wasserman, O. G. Franz, S. W. McDonald, M. J. Person, C. B. Olkin, E. W. Dunham, J. R. Spencer, J. A. Stansberry, M. W. Buie, J. M. Pasachoff, B. A. Babcock, T. H. McConnochie, Global warming on Triton, Nature, 393, 765–767, 1998. Auch: Anne Minard, Lightning Strikes, Changing Climate Revealed on Jupiter , in: National Geographic News, October 9, 2007

[34] Nach einer Meldung von RIA Novosti: „Mars gibt Hinweise auf künftige Kaltzeit auf der Erde" vom 10.10.2007 http://de.rian.ru/ science/20071010/ 83356266.html

[35] z.B. Professor Dr. Mojib Latif in Bild vom 20. 9 2007

[36] „Wir Klimamacher", Fischer, 1990, S.13

[37] Für farbige Körper wie die Erde oder kalte Gase wie CO_2 gilt dieses Verhältnis nicht mehr uneingeschränkt.

[38] Gerhard Gerlich, Ralf D. Tscheuschner, Falsification of the Atmospheric CO_2 Greenhous Effects within the Frame of Physics, http://www.arxiv.org/abs/ 0707.1161 (Akutelle Version 3.0 vom 09. Sept. 2007, insbesondere Kapitel 3.7.5. und 3.7.6.

[39] Heinz Thieme, Die Erdatmosphäre – ein Wärmespeicher http:// freenet-homepage.de/klima/wspeicher.htm

[40] nach O.G. Sorokhtin, G.V. Chilingar, L.F. Khilyk, Global Warming and Global Cooling. Evolution of Climate on Earth, Elsevier 2007.

[41] Heinz Thieme, Die Erdatmosphäre – ein Wärmespeicher http:// freenet-homepage.de/klima/wspeicher.htm.

[42] „In fact, as soon as a molecule absorbs a quantum of energy, some is lost by collisional exchange with nearby molecules, before emission takes place. These collision exchanges spread the energy of the initial quantum throughout the volume of air." http://www.ecmwf. int/newsevents/training/rcourse_notes/DATA_ASSIMILATION/RE MOTE_SENSING/Remote_sensing5.html

[42a] Vgl. die Erkenntnisse der Flugzeugastronomie nach http:// www.dsi.uni-stuttgart.de/bildungsprogramm/schule/kurs99-54.pdf

[43] David Archiba ld, Failure to Warm, Occasional Address, AGM Lavoisier Group, am 22.10. 2007 http://www.globalwarmingheartland.org/Article. cfm?artId=22059

[44] T. E. Graedel, Paul J. Crutzen, Chemie der Atmosphäre, Spektrum Akademischer Verlag Heidelberg, Berlin, Oxford, 1993, S. 414

[45] in Bild der Wissenschaft 12, 1978)

[46] R. Lindzen, The Radiative Signature of Upper Tropospheric Moistening , Bull. Am. Meteorol. Soc. 71, 288 (1990).

47 Chou, M.-D., R.S. Lindzen, and A.Y. Hou, Comments on „The Iris hypothesis: A negative or positive cloud feedback?" *J. Climate*, 15, 2713-2715. 2002 [pdf]

48 http://earth.myfastforum.org/about134.html nach Monnin, E., „Die natürliche Variabilität der atmosphärischen CO_2 Konzentration seit der letzten Eiszeit anhand von Messungen an antarktischen Eisbohrkernen", PhD thesis, 2004

49 Am besten in dem schönen Buch: Ulrich Berner, Hansjörg Streif, Klimafakten, der Rückblick – ein Schlüssel für die Zukunft. E. Schweizerbart'sche Verlagsbuchhandlung 2000

50 Bild von IFM-Geomar unter: blogs.dw-world.de/sciblog/tiefsee/1.725.html

51 S. Scherer, Phtosynthese, Bedeutung und Entstehung – ein kritischer Überblick, Fachberichte Bd. 1, Hausler Verlag 1983.

52 Denffer,Schumacher,Mägdefrau,Firbas, Lehrbuch der Botanik für Hochschulen. 29. Auflage Gustav Fischer Verlag Jena 1967

53 *Calcidiscus leptoporus* Foto: Markus Geisen, Alfred-Wegener-Insitut.

54 Bert Küppers, Treibhauseffekt, ein Ende mit Schrecken? in: Fusion Vol 18 1997 H 2, S. 19ff.

55 Darauf hatte Sherwood Idso in über hundert Untersuchungen und Publikationen immer wieder hingewiesen z.B. in S.B. Idso, CO_2 and the Biosphere: The Incredible Legacy of the Industrial Revolution Uni. of Minnesota Press, St. Paul 1995

56 *E.G. Beck 180 Years accurate CO_2 Gasanalysis of Air by Chemical Methods, Energy and Envoronment Vol 18 Nr. 2. 200*

57 Harro A.J. Meijer (Centrum voor IsotopenOnderzoek, University of Groningen, the Netherlands) Comment on „180 years of atmospheric CO_2 gas analysis by chemical methods" by Ernst-Georg Beck Energy&Environment 18, 2 (2007)

58 Die Methoden, die bei den CO_2-Standardmessungen z.B. seit 1958 von C. Keeling benutzt werden, waren seit 1882 bekannt. H. Heine, Über die Absorption der Wärme durch Gase und eine darauf beruhende Methode zur Bestimmung des Kohlensäuregehalts der Luft, in: Wiedemanns Annalen 16 1882 S. 441

59 Hans Eberhard Heyke in mehreren Veröffentlichungen darunter auch, Gasblasen im Eis sind brüchiges Fundament für die CO_2-Steuer, in: Fusion Vol 13, 1993, H 3

60 z. B. in: Z. Jaworowski, T. Segalstad, V. Hisdal Atmospheric CO_2 and Global Warming , a critical reveiw , Norsk Polar Institut Papportserie Nr. 59, Oslo 1990 und in zahlreichen weiteren Veröffentlichungen

61 Hurd, B., „Analyses of CO_2 and other atmospheric gases." In: *AIGNews,* No. 86, 2006, S. 10–11.

62 Royer, D.L. et al., „Paleobotanical evidence for near present-day levels of atmospheric CO_2 during part of the Tertiary." In: *Science,* Vol. 292, 2001. S. 2310-2313. und Kurschner, W.M., van der Burgh, J., Visscher, H. und Dilcher, D.L., „Oak leaves as biosensors of late Neogene and early Pleistocene paleoatmospheric CO_2 concentrations." In: *Marine Micropaleontology,* Vol. 27, 1996, S. 299–312

63 Neben den Arbeiten in Anm. lix noch Wagner, T., Aaby, B. und Visscher, H., 2002. „Rapid atmospheric CO_2 changes associated with the 8,200-years-B.P. cooling event." In: *Proceedings of the National Academy of Sciences,* Vol. 99, 2002, No. 19, S. 12011–12014. und Wagner, F. et al., 1999. „Century-scale shifts in Early Holocene at-

mospheric CO_2 concentration." In: *Science,* Vol. 284, 1996 S. 1971–1973.

[63a] David H. Douglass, John R. Christy, Benjamin D. Pearson , S. Fred Singer, 11.10.2007 „A comparison of tropical temperature trends with model predictions" unter: http://www3.interscience.wiley.com/cgi-bin/abstract/117857349/ABSTRACT?CRETRY=1&SRETRY=0

[64] William Kinimonth: Climate Change, a Natural Hazard, (Klimawandel eine natürliche Gefahr), Multoscience Publishing Co. Ltd. Brentwood (UK) 2004)

[64 a] Mitteilung von Chuck F. Wiese vom 29.9.07

[65] Godlewski, E., „Abhängigkeit der Stärkebildung in den Chlorophyllkörnern von dem Kohlensäuregehalt." In: *Flora,* Vol. 31, 1873 S. 378–383.

[66] Tatsächlich fordert das National Security Study Memorandum 200: „Implications of Worldwide Population Growth for US Security and Overseas Interests", das unter Federführung des früheren US-Außenministers Henry Kissingers am 10.12.1974 die Reduzierung der Weltbevölkerung vor allem in 13 Staaten, deren Rohstoffe für die USA wichtig sind. Brent Scowcroft gab am 26.11. 1975 das National Security Decision Memorandum 314 heraus, das NSSM 200 zur Grundlage der US Bevölkerungspolitik erklärt. Beide Memoranda wurden am 6. Juni 1990 deklassifiziert und sind im US NationalArchiv einsehbar.

[67] Bild aus http://www.tecson.de/prohoel.htm vom 21.10.07

[68] Maduro R.A., Schaerhammer R. Ozonloch, das mißbrauchte Naturwunder, Wiesbaden E.I.R. GmbH (vormals Böttiger), Wiesbaden 1991 219f.

[69] Dr. Günter Hartkopf „Umweltverwaltung – eine organisatorische Herausforderung" bei der Tagung des Deutschen Beamtenbundes in Bad Kissingen am 08.01.1986

[70] Die vielfältigen Faszetten dieser Theorie und der damit verbundenen Praxis ist dargestellt in Thomas Gold „Biosphäre der heißen Tiefe", Edition Steinherz Wiesbaden 2000 (engl. Original „The Deep Hot Biosphere: The Myth of Fossil Fuels" Copernicus Books 1998)

[71] Jack Kenney in der Sonderausgabe von Energy World des British Institute of Petroleum London 1996) und in: Kenney, J., Kutcherov, V., Bendeliani, N. and Alekseev, V. (2002). „The evolution of multicomponent systems at high pressures: VI. The thermodynamic stability of the hydrogen–carbon system: The genesis of hydrocarbons and the origin of petroleum". *Proceedings of the National Academy of Sciences* **99**: 10976–10981.

[72] Frankfurter Allgemeine Zeitung vom 28. 9. 04

[73] Stephen und Donna Lee: The Oil Factor: Protect yourself and Profit from the Coming Energy Crisis, New York Time Warner 2005) oder David Goldstein: Out of Gas: The End of the Age of Oil, New York, W. W. Norton 2004) und viele andere

[74] M. King Hubbert, Energy from fossil fuels, in: *Science* 109(2823):103–109, 1949

[75] Mineralöl-Wirtschaftsverband Hamburg, Jahresbericht 2007

[76] Erich Zimmermann (1888 – 1961), World Resources and Industries, New York, Harper & Brothers 1933

[77] Vgl. Neben vielen Jerome R. Corsi, Ph.D. and Craig R. Smith, Black Gold Stranglehold: The Myth of Scarcity and the Politics of Oil , WND Books, Medord 2005, oder Michael C. Ruppert, Crossing the Rubicon, The Decline of the American Empire at the End of the Age of Oil. Gabriola Island, New Society Publ. 2004

[78] Bild unter http://de.wikipedia.org/wiki/Bild:Syncrude_mildred_lake_plant.jpg.

[79] H.-G. Harms, Hochtemperatur-Methanisierung im Kreislauf Nukleare Fernenergie, Kurzfassung eines Vortrages auf dem Jahrestreffen der Verfahrens-Ingenieure, 1. bis 3. Okt. 1980 in Straßburg. in: Chemie Ingenieur Technik Vol 53, 1981, Heft 7.

[80] http://www.welt.de/politik/article1262062/Al_Gore_ein_ Roboter_ mit_ hohem_Stromverbrauch.html)

[81] Von Hannes Koch in: *Die Tageszeitung* vom 03.01.08.

[82] ICCF, The Cost of the Kyoto Protocoll, Brüssel 2005, Ähnliche Größenordnungen ergeben sich aus den Berechnungen der (US) Energy Information Administration, Impacts of the Kyoto Protokol on US Energy Markets and Economic Activity, Washington DC Department of Energy 1998.
Bjorn Lomberg: The Sceptical Environmentalist. Measuring the Real State of the World. Cambridge University Press 2001 S. 304

[83] Dr. Lutz Niemann, Die gigantischen Kosten der Meseberger Beschlüsse, Bericht vom 13.12.2007 unter: http://www.buerger-fuer-technik.de/

[84] Edgar Gärtner, Klimaschutzpaket der Bundesregierung, Erfahrungswissen wird ignoriert, in: *Die Welt* vom 3.1.08.

[85] Vgl. National Aeronautics and Space Administration (NASA), List of potential Hazardous Asteroids. Near Earth Objects Program 2007, und S. Sparks, S.Self, J. Grattan, C. Oppenheimer, D. Pyle, H. Rymer, Super-eruptions: global effects and future threats. Report of a Geological Society Working Group 2nd print edition 2005

[86] Maßgeblich waren hierfür vor allem die Arbeiten von Habibullah Abdusamatov, der dem russischen Pulkowo Observatorium vorsteht, und Oleg Sorokhtin, Forscher am russischen Institut für Ozeanologie wie auch Mitglied der Russischen Akademie für Naturwissenschaften vgl. Meldung von RIA Novosti vom 3.1.08 unter http://en.rian.ru/analysis/20080103 /94768732.html

[87] http://www.spaceandscience.net/id16.html

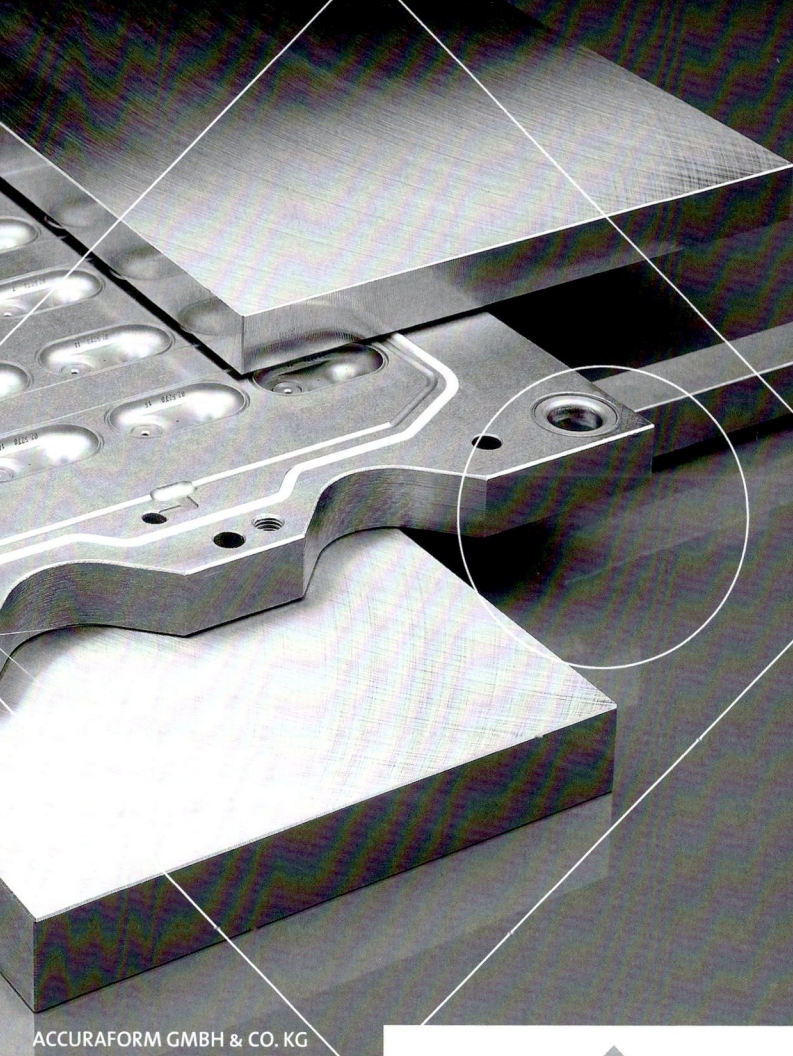

Tagungen, Seminare und Workshops im Lothar-Mai-Haus

„Jagen ohne Stress"

…inmitten der ländlichen Idylle & traumhafter Alleinlage. In 660 m Höhe, fernab vom üblichen Bürolärm bieten wir Ihnen und Ihren Teilnehmern die Möglichkeit sich voll und ganz auf die gesteckten Lernziele zu konzentrieren. Neben unserem modern eingerichteten Tagungsraum

erwarten Sie neue, geschmack-voll eingerichtete Hotelzimmer. Zum entspannen und relaxen stehen Ihnen unser Hallen-schwimmbad mit Sauna zur Verfügung.
Unsere ausgezeichnete Regionalküche ist auf die Bedürfnisse Ihrer Tagungs-teilnehmer eingestellt.

LOTHAR MAI HAUS ★★★

… das Landhotel mit Herz

36145 Hofbieber Ortsteil Steens · Lothar-Mai-Straße 1
Fon 06657 96080 · Fax 06657 9608300 · info@lothar-mai-haus.de
www.lothar-mai-haus.de · www.rhoen-beauty-oase.de